JN416438

세계로 떠나는 인문학

이 책은 교육부 및 한국연구재단의
대학인문역량강화사업(CORE) 지원에 의해 출판된 것임.

세계로 떠나는 인문학

{ 인문학자 11인의 철학 · 문화 · 역사 이야기 }

story 01 철학은 인문학일까?

story 02 원효대사의 깨달음과 한마음 철학

story 03 동화와 정신분석

story 04 쉽게 읽는 도스토옙스키의 『죄와 벌』

story 05 화가 '요한 볼프강 폰 괴테'를 위한 기고

story 06 그리스 고고학, 역사 이전의 역사를 캐다

story 07 이탈리아 르네상스와 문예부흥

story 08 태국 문화 들여다보기

story 09 동북아 국제 질서와 한국 독립운동

story 10 크리스토퍼 콜럼버스의 항해와 '아메리카의 발명'

story 11 러시아에 대한 넓고 얕은 지식

권영우 · 김원명 · 라영균 · 이은경 · 이재원 · 김혜진 · 조문환 · 박경은 · 반병률 · 신정환 · 제성훈 지음

HUiNE

서문

현재 우리 사회는 인문학에 대한 이중적인 시각을 가지고 있는 듯 보인다. 대학에서 외면받는 인문학이 대학 밖에서는 열풍이라는 말이 들릴 정도로 대중적으로 많은 관심을 받고 있기 때문이다. 이는 대학에 입학할 때 학생들이 인문 계열학과보다는 상경 계열 학과나 이공 계열 학과를 더 선호하는 현실을 반영한다. 대학에서 인문학을 전공하는 것보다 상경 계열이나 이공 계열 분야를 전공하는 것이 취업에 더 유리하기 때문일 것이다. 그래서 우수한 교수와 훌륭한 교육여건을 갖추고 있어도 대한민국에서는 좋은 대학으로 평가받지 못하는 경우가 허다하다. 대학의 순위는 그 대학에 입학하는 학생들의 입시 성적으로 결정이 나는 탓이다.

이러한 상황은 안타깝게도 한 대학 내에서도 벌어지고 있다. 우수한 대학 입시 성적을 가진 학생들이 몰리는 학과는 인기 학과가 되고 대학은 해당 학과의 입학 정원을 더 늘리고자 한다. 반면 비인기학과는 폐과를 시키거나 입학 정원을 줄이려 한다. 유감스럽게도 대학에서 폐과가 되거나 입학 정원이 줄고 있는 학과는 대부분 인문학 계열의 학과다. 이를 두고 '인문학의 위기'라는 말이 대학 사회에서는 여전히 돌고 있다. 이러한 위기는 대학을 고등 학문 연구 및 교육기관으로 보기보다는 취업을 준비시키는 곳으로 간주하는 안타까운 사회적 풍토로부터 나왔다고 생각된다. 앞서 말했듯이 대학을 벗어나면 인문학은 그렇게 위기에 처한 것처럼 보이지 않는다. 오히려 예전보다 더 많은 관심을 받으며 인기를 누리고 있다. 마이클 샌델이나 유명 인문학자의 강의가 공중파를 타는 장면을 어렵지 않게 볼 수 있으며 여전히 대형 서점의 한쪽을 인문학 도서가 가득 메우고 있다. 인문학이 대중에게 얼마나 많은 관심을 받고 있는지 쉽게 알 수 있다.

하지만 오늘날 인문학자들뿐만 아니라 여러 학문분야에 종사하는 학자들은 전문적인 학문 연구에만 몰두하는 경향이 없지 않다. 이런 상황에서 인문학자들은 전문적인 연구와 대중을 위한 저술을 동시에 함으로써 학문적 연구 성과를 대중과 더 많이 나눌 필요가 있다. 이를 통해 인문학에 대한 대중적 관심을 더욱 고양시킬 수 있을 것이다.

하지만 대중적 인문학은 전문적인 인문학 연구 없이는 불가능하다. 인문학이 사회 저변에 지속적으로 확산된다면 대학에서 학문적으로 우수한 교육을 받고 고등 학문을 연구한 사람들이 그에 걸맞은 사회적 평가와 그 역량을 인정받을 날이 올 것이다. 여기에는 한국의 대학이 진정 대학다워지기를 바라는 기대도 담겨 있다.

이 책은 교육부가 2016년도부터 2018년도까지 지원한 대학인문역량강화사업(CORE 사업)의 일환으로 이뤄진 인문학 지역확산사업의 성과다. 한국외국어대학교는 인문학 연구 성과를 인근 지역 주민과 나누기 위해 CORE 사업 기간 동안 용인시에 소재한 동백도서관, 기흥도서관, 수지도서관, 흥덕고등학교, 구성고등학교, 모현초등학교, 용인시도시공사 그리고 서울 동대문구 및 대광고등학교 등에서 인문학 기획 특강을 개최했다. 이 책에는 용인시 동백도서관, 기흥도서관 그리고 서울 대광고등학교에서 진행한 강좌 내용이 담겨 있다. 모든 강좌를 대중 인문학 도서로 출판하지 못한 점을 아쉽게 생각하며, 다음 기회에 이 책에 실리지 못한 다른 강좌들도 대중 인문학 도서로 출판될 수 있기를 희망한다.

인문학 기획 강좌가 성공적으로 진행되었기에 이 책이 나올 수 있었다. 적극적으로 협조해 주신 용인시 동부도서관 산하 동백도서관 이동경 분관장님과 곽지영 사서님, 기흥도서관의 남궁봄 사서님 그리고 서울 대광고등학교 우미라 선생님을 비롯한 여러 관계자분의 도움이 너무나도 컸음을 밝히며, 이 지면으로는 부족하지만 그분들께 심심한 감사의 뜻을 전하고 싶다. 아울러 연구와 강의 그리고 여러 업무로 바쁘신 와중에도 좋은 내용으로 특강을 해 주시고 출판을 위해 원고를 작성해 주신 여러 교수님께도 감사의 마음을 전하고 싶다. 그리고 결정적으로 촉박한 출판 일정에도 불구하고 기꺼이 이 책의 출판을 수락해 주신 한국외국어대학교 지식출판원 관계자분들께 감사의 뜻을 전한다.

3년간 지속되었던 교육부 대학 인문역량 강화 사업은 아쉽게도 어떠한 후속 사업 없이 2019년 2월 말로 종료되었지만, 다행스럽게도 2019년 2월 15일 용인시와 한국외국어대학교가 '지역 독서문화 발전을 위한 업무 협약'을 체결했다. 앞으로도 용인시 지역 주민을 위한 인문학 기획 강좌를 지속할 예정이다. 이 책이 나오기까지 대학 인문역량 강화 사업으로 재정적 지원을 해 준 교육부 및 연구재단과 헌신적으로 협조해 주신 용인시 여러 지역 도서관 및 서울 대광고등학교와 특강과 원고를 주신 저자분들 그리고 마지막으로 한국외국어대학교 지식출판원에 다시 한 번 깊이 감사드리며, 이 책이 대학 안팎의 인문학 발전에 작은 기여가 될 수 있기를 희망한다.

2019. 2. 27

한국외국어대학교 CORE사업 부단장 권영우

목차

Philosophy History

1부

세계로 떠나는 철학

철학은 인문학일까? | 권영우

원효대사의 깨달음과 한마음 철학 | 김원명

철학은 인문학일까?[1]

_권영우(한국외국어대학교 철학과 교수)

철학과 자연과학은 별개의 학문인가?

오늘날 사람들은 '인문학의 위기' 또는 '철학의 위기'를 운운한다. 만약 누군가 대학원에 가서 인문학을 공부한다고 하면 걱정 섞인 말을 듣거나 가까운 가족들이 만류할 것이라 짐작된다. 반면 자식이 자연과학(natural science)이나 공학 또는 의학을 대학 혹은 대학원에서 공부한다고 하면 대부분의 부모는 자식의 전도유망할 미래를 생각하며 흐뭇해 할 것이다. 물론 모든 사람이 이와 같지는 않을 것이다. 하지만 이러한 세태를 부정하지는 못할 것이다.

이런 세태는 인문학을 공부하면 먹고살기 힘들어지지만 자연과학이나 공학 등을 공부하면 취업도 잘되고 돈도 많이 벌 수 있을 것이라는 사람들의 일반적인 생각을 반영한다. 대학 교육의 목표를 취업으로 생각하는 현

1 이 글은 2017년 1월 새한철학회 《철학논총》 87호에 게재된 논문 「융복합의 관점에서 본 자연과학과 형이상학의 관계와 철학의 미래에 관한 고찰 - 형이상학은 죽었는가?」의 내용을 수정 보완하여 작성되었다. 해당 내용으로 2018년 10월 4일, 용인시 동백도서관에서 특강했다.

실 속에서 인문학은 대학 입시에서 점점 인기가 없어지고 있는 반면 이공계 분야는 인기를 누리게 되는 결과를 낳게 되었다.

그런데 흥미로운 사실은 대학 밖에서는 의외로 많은 사람이—연령층을 불문하고—인문학에 목말라 하고 있다. 철학 관련 서적이 베스트셀러에 오르는 등 예전에는 없던 인문학 열풍 현상이 생겼다. 마이클 샌델의 『정의란 무엇인가』, 한병철의 『피로사회』, 강신주의 『감정수업』이 대표적인 예라고 볼 수 있다. 고전에 대한 관심도 높아지면서 인문 고전 역시 출판 시장에서 큰 인기를 얻고 있다.

여기서 한 가지 던지고 싶은 물음이 있다. '철학을 과연 인문학 안에만 포함시켜야 하는가?' 아마 대부분이 철학은 인문학이고 자연과학과는 무관하다고 생각할 것이다. 그리고 철학적 지식은 자연과학과 달리 삶의 혜안과 위안 혹은 위로 또는 치유를 준다고만 생각하는 경향이 있어 보인다. 반면 자연과학은 우리가 사는 물리적 실제 세계에 대한 정확한 지식을 주며, 자연과학적 지식으로부터 수없이 많은 실용적인 기술이 발전하고 이러한 발전으로 말미암아 인간의 삶이 풍요롭고 편리해진다고 생각한다. 더 나아가 과학기술을 통해 기업은 세계시장을 장악할 수 있는 경쟁력이 가지고 이를 바탕으로 국가는 부강해진다고 생각한다.

분명한 사실이다. 반면 인문학, 특히 철학은 당장 기업에 어떠한 이윤도 줄 수 없다. 어쩌면 자본이 모든 가치의 척도가 되어 버린 시대에 인문학적 혹은 철학적 지식의 무용론을 은연중에 퍼뜨리고 있는지도 모른다. 자본의 관점에서 인문학적 지식이 가지는 효용성과 가치를 주장하는 사람도 있고, 인문학이 이윤을 창출하는 일종의 콘텐츠로서 기능해야 한다는 시대적 분위기도 있다.

그 대표적인 예를 우리는 한류 혹은 문화 산업에 기여하는 각종 인문·

문화 콘텐츠에서 찾을 수 있다. 인문학이 이윤을 창출할 수 있는 일종의 산업으로서 경제적 가치가 있다 하더라도 과학기술이 가져다주는 경제적 이윤에 비한다면 보잘것없을 것이다. 우리가 곰곰이 반성해야 할 점은 인문학의 위기는 모든 인간의 활동—지적 활동을 포함해서—이 자본의 척도로 가치를 매기는 세태 속에서 비롯되었다는 것이다.

인문학도 콘텐츠로서 경제적 가치가 있다고 인문학자 스스로 인문학의 가치를 자본적으로 환산하려는 태도는 인문학이 가진 가치를 폄훼하는 것일 뿐만 아니라 돈으로 환산할 수 없는 가치를 지닌 모든 것을 부정하는 꼴이 될 수 있다.

보통 자연과학은 자연과 세계에 대한 객관적인 지식을 준다고 생각한다. 자연적 대상이 무엇인지, 자연현상이 왜 일어나는지 그 인과관계를 설명하면 자연에 대해서 알았다고 대답한다. 하지만 자연현상은 우리가 어떻게 생각하느냐와 무관하게 일어난다. 한 예로 '내일 비가 오지 않았으면 좋겠다'는 희망사항과는 무관하게 비가 올 수도 있고 오지 않을 수도 있다. 이러한 자연현상을 탐구하는 자연과학적 지식은 한 개인의 생각, 의견, 감정, 희망과는 독립적이다. 자연과학은 자연현상에 대한 주관적인 해석의 여지를 거의 허용하지 않는다. 물론 토마스 S. 쿤의 『과학혁명의 구조』에서 주장한 바와 같이 과학적 지식의 발전이 객관적이기보다는 과학자 집단의 의사결정 구조에 의존해 있으며, 자연과학이 사회 및 역사처럼 일종의 혁명 과정을 거치며 발전한다는 입장도 있다.

일반적으로 자연과학적 지식은 인간의 의사결정과 해석으로부터 독립적인 객관성을 가지고 있다. 자연과학에 대한 다양한 견해가 있음에도 불구하고 자연과학이 지향하는 궁극적 목표는 자연을 단일한 법칙으로 설명하려는 것이다. $E=mc^2$와 같은 법칙이 불변하는 것처럼 여겨지지만 만약 미래에 $E=mc^2$와 같은 법칙으로 설명할 수 없는 다른 자연현상이 관측된다면 $E=mc^2$도 수정될 수 있을 것이다. 하지만 이러한 과학적 지식의 수정과 변화도 궁극적으로는 자연과학의 목표를 달성하기 위한 발전 과정에 해당하며, 여전히 자연과학이 자연에 대한 객관적이고 불변하는 지식을 추구하고 있다는 점에서는 이론의 여지가 없을 것이다. 결국 자연과학이 지향하는 궁극적인 목표가 이뤄진다면 자연에 대한 다양한 해석과 다른 지식 체계란 자연과학적 입장에서 볼 때 성립하기 힘들 것이다.

인문학은 자연과학과 달리 인간과 세계애 대한 자유로운 해석을 토대로 삼는다. 한 예로 김동명의 시『내 마음은』중 '내 마음은 호수요, 그대 노 저어 오오'라는 구절이 있는데, 이런 시적 표현을 자연과학적 관점으로 바라보면 '내 마음=호수=H2O'가 될 것이고 결국 이 시는 무의미한 말장난에 지나지 않을 것이다. 반면 문학적으로는 그 말이 지칭하는 대상이나 사물을 의미하지 않는다. 앞서 언급한 "내 마음은 호수요'는 "내 마음이 호수임"을 의미하는 것이 아니다. 여기서 호수는 물이 담긴 실제 호수를 의미한다고 볼 수 없다.

이와 같이 문학은 지칭하는 대상이나 사태와 일치하는지에 관심을 두지 않는다. 다시 말해 '내 마음'에 대한 여러 해석과 은유가 문학에서는 가능하다. 앞서도 말했듯이 자연과학적인 관점에서 '내 마음은 호수요'라는 말은 거짓이 된다. 자연과학적인 지식의 관점에서 '내 마음'이 어떻게 호수일 수 있는가 하고 의문을 가질 수 있기 때문이다. 가령 실제로 존재하는 호수를 보더라도 인문학적으로는 다양한 해석과 의미가 도출되지만[2] 자연과학적인 관점에서는 H_2O의 집합체에 불과할 것이다.

이를 통해 인문학에서 말하는 앎이 자연과학에서 말하는 앎과 근본적으로 다르다는 점을 확인할 수 있을 것이다.[3] 그러나 단지 이러한 차이로 인문학이 위기에 직면하지는 않았을 것이다. 인문학의 위기는 인문학적 지식이 자연과학적 지식에 비해 유용하지 않다고 생각하는 세태에서 비롯된 것이다. 자연과학적 지식은 국가를 부강하게 하고 이윤을 창출해 주지만, 인문학적 지식은 자연과학적 지식에 비해 국가를 부강하게 해 주지도, 돈이 되지도 않는다고 사람은 생각한다. 이렇게 생각하는 사람이 많아지면서 인문학적 지식은 점점 쓸모없는 것으로 치부되기 시작했고, 자연과학적 지식—노골적으로 말하면 돈이 되는 지식—만이 쓸모 있다고 생각하는 경향이 강하게 자리 잡게 되었다. 인문학의 위기는 이러한 경향에서 온 것이라고 볼 수 있다. 대학을 취업 관문으로만 생각하는 사회적 분위기도 한몫했다.[4] 졸업 후 당장의 취업을 보장하는 학문이나 단기간에 돈을 벌어다 줄 지식을 얼마나 많이 생산하는가로 대학을 평가하는 세태는 인문학의 위기를 초래했을 뿐만 아니라 장기적인 관점에서 학문 자체가 가지는 가치를 대학 스스로 포기하게끔 만들고 있다.

사람들은 철학을 인문학의 한 종류로 생각한다. 그렇다면 철학적 지식은 과연 어떤 성격을 가질지 한 번 생각해 보자. 철학적 지식의 성격을 살피

2 정신과학은 자연과학과 구별된다. "이해와 해석은 정신과학이 충족되는 방법"이며 "여기에 모든 정신과학적 진리가 포함되어 있다"고 딜타이는 말한 바 있다(빌헬름 딜타이, 『정신과학에서 역사적 세계의 건립』, 서울: 아카넷, 2009, 482쪽). 그러면서 딜타이는 타자를 이해하기 위한 '추체험(Nacherleben: 따라 체험하기)'의 가능성을 서정시에 찾고 있다(같은 책, 503쪽). 가다머도 "철학은 과학이 아니다"라고 말하면서(한스 게오르크 가다머, 『과학 시대의 이성』, 책세상, 2009, 15쪽 이하) 철학이 과학이 아니라 하더라도 철학이 지닌 과학성에 대해서는 주목할 필요가 있다고 주장했다(같은 책, 19-39쪽).

3 딜타이는 과학을 정신과학과 자연과학으로 구분하는데, 그중에서 정신과학은 체험, 표현, 이해에 근거한 '인간' 그리고 '인간들 상호 간의 관계'에 관한 인식 체계라 할 수 있다. 딜타이는 정신과학과 자연과학이 상이하다는 점을 강조한다(빌헬름 딜타이, 앞의 책, 184-186쪽).

4 권영우, 「한국의 인문학 소외 현상과 한국학의 세계화 방안」, 『건지인문학』, Vol.10, 전북대학교 인문학연구소, 2013, 6-9쪽.

기 위해서는 철학사를 살펴보지 않을 수 없다. 물론 이 짧은 글에서 철학자 전체를 살피는 것은 불가능하다. 하지만 철학과 과학이 어떻게 맞물리면서 발전했는지를 살펴본다면 철학적 지식의 중요한 특징과 우리의 오해에서 비롯된 특이점을 발견할 수 있을 것이다. 철학이 해결하고자 했던 중요한 문제들과 물음들은 과거뿐만 아니라 현재, 자연과학이 해결하려는 문제들과 근본적으로 크게 다르지 않다. 이를 통해 철학과 자연과학 간 연관성을 확인할 수 있을 것이다.

서양철학의 기원과 자연과학의 발생에 관하여

서양철학이 생겨난 배경을 살펴보다 보면 '자연과 세계를 이루고 있는 참된 실재는 무엇인가?'라는 물음과 마주하게 된다. 이 물음은 아직도 해결되지 않은 철학적 문제이자 자연과학의 문제이기도 하다. 바로 이런 점에서 우리는 철학과 자연과학이 해결하고자 하는 근본적인 문제가 다르지 않다는 점을 확인할 수 있게 된다.[5]

서양철학은 고대 그리스철학에서 시작되었다고 한다. 초기 서양철학은 자연의 원리와 자연을 이루고 있는 참된 실재에 대해 탐구하는 자연철학(philosophy of nature)이었다—그래서 흔히 초기 서양철학을 '고대 그리스 자연철학'이라고 말한다—. 대표적인 고대 그리스 자연철학자로는 탈레스(Thales, B.C 624-546), 아낙시만드로스(Anaximandros, B.C 610-546), 피타고라스(Pythagoras, B.C 570-496), 헤라클레이토스(Heraclitus),

5 송영진, 『그리스 자연철학과 현대과학 I』, 충남대학교출판문화원, 2014, 2장. 송영진, 『그리스 자연철학과 현대과학 II』, 112, 114쪽.

B.C 544–484), 크세노파네스(Xenophanes, B.C 570–475), 파르메니데스(Parmenides, B.C 540–470), 제논(Zenon, B.C 460년경), 엠페도클레스(Empedokles, B.C 492–432), 데모크리토스(Demokritos, B.C 460–370) 등이 있다. 그런데 정작 이들이 공통적으로 탐구한 것은 아르케(archē)였다. 아르케는 '시작' 또는 '원리'로 즉 당시 자연철학자들은 자연의 시초와 원리를 탐구했다. 그들은 각기 "아르케가 이것이다 또는 저것이다" 하고 주장했는데, 오늘날 보기에 그들의 주장은 설득력이 없어 보인다. 아르케를 두고 탈레스는 물이라고 주장했으며, 엠페도클레스는 물, 불, 흙, 공기라고 주장했다. 오늘날처럼 자연과학이 발달한 시대에 2,000년도 넘은 옛날 사람들의 아르케에 대한 주장은 분명 유치해 보인다. 그럼에도 불구하고 당시의 첨단 자연과학이자 수학에 해당하는 고대 그리스 자연철학의 핵심 주제와 근본적인 물음은 현재 자연과학이 탐구하는 연구 주제 그리고 해결하고자 하는 물음들과 상당히 밀접한 관련성을 가지고 있다.[6] 물론 현재 우리는 고대 그리스 자연철학자들의 주장을 받아들일 수도, 받아들일 필요도 없다. 뿐만 아니라 그들이 참된 지식을 주고 있다고 인정할 수도 없다. 그럼에도 우리는 철학 공부를 시작할 때 고대 그리스 자연철학을 빼놓지 않는다. 왜 그럴까? 철학의 목표는 단지 과거 철학자들의 이론을 답습하고 외우는 데 있지 않다. 철학은 세계와 인간에 대해 알고자 하는 진리에 대한 사랑과 열망에서 시작된 학문이며 지금도 그러하다. 따라서 철학은 지금까지의 철학 이론들에 오류가 있는지를 지속적으로 검토하고 반성함으로써 세계와 인간, 즉 모든 존재에 대한 참된 지식을 얻고자 하는 데 목적이 있으며, 이를 위해 노력하는 정신적 활동의 결과이자 과정 자체다.

---

6 송영진, 『그리스 자연철학과 현대과학 I』, 충남대학교출판문화원, 2014, 2장. 박종현, 『헬라스 사상의 심층』, 서광사, 2001, 120쪽 이하.

현대 자연과학과 철학의 근본 문제들

철학과 자연과학의 연관성을 알아보기 위해서 우리는 현재 자연과학자들이 지대한 관심을 갖고 탐구하는 문제들을 생각해 볼 필요가 있다.

자연과학은 자연현상의 원리와 원인을 탐구하는 학문이다. 물론 자연과학 중에는 응용 분야도 있지만 이 글에서는 순수 자연과학 분야를 살펴보고자 한다. 순수 자연과학 분야 중 자연에 대한 가장 근본적인 원리를 탐구하는 분야는 물리학이라 할 수 있다. 현대 첨단 물리학자들이 자연현상을 탐구하기 위해 던지는 물음들은 상당한 수준에서 철학적 물음들과 맞닿아 있다. 현대 물리학의 최첨단이라 할 수 있는 입자물리학의 경우 세계를 이루는 가장 작은 단위의 입자를 찾기 위해 노력하고 있다. 1953년 순수 자연과학을 탐구하기 위해 12개국이 설립한 유럽입자물리연구소 CERN(Conseil Europeé nne pour la Recherche Nucléaire)은 대형 강입자 충돌기(LHC: Large Hadron Colider)[7]를 가지고 입자들을 쪼개는 실험을 지속적으로 수행하고 있다. CERN뿐만 아니라 여러 나라의 물리학자들은 입자 충돌 실험을 통해 가장 작은 단위의 입자들이 무엇인지 그리고 그 특징은 무엇인지[8]를 파악하기 위해 노력하고 있다. 특히 중력이 왜 생기는지와 같은 물음은 모든 물리학자가 공통적으로 가지는 것으로, 이 문제를 풀 수

---

7 이강영,『LHC, 현대 물리학의 최전선』, 사이언스북스, 2015, 317쪽, 319-325쪽.

8 현재까지 알려진 바에 따르면 원자는 원자핵과 전자로 구성되고, 원자핵은 강입자인 양성자와 중성자로 이뤄져 있으며, 이들은 다시 소립자인 여섯 종류의 쿼크로 구성된다. 소립자는 쿼크와 약입자로 구분되는데 약입자는 중성미자(전자 중성미자, 뮤온 중성미자, 타우 중성미자), 전자, μ입자, 타우로 구성된다. 그 밖에 광자, 글루온, Z보손, W보손이 있다. 이와 관련해서는 다음을 참조하면 된다. 이강영,『LHC, 현대 물리학의 최전선』, 사이언스북스, 261쪽. 게오르크 포일네르,『물리학의 역사』, 혜원, 2009, 211쪽.

있게 해 줄 것이라 생각되는 힉스 입자를 발견하는 성과도 2013년 CERN에서 이뤄 냈다.[9] 뿐만 아니라 현대 물리학자들은 반입자 또는 반물질에 대해서도 활발히 탐구 중에 있다.

현대 물리학이 가장 작은 단위의 입자를 발견하기 위해 입자를 계속 쪼개는 실험을 하는 이유와 목적은 다음과 같다. 우선 우주 전체를 형성하고 있는 가장 근본적인 입자 단위를 밝히기 위함이다. 그다음으로는 우주가 처음 생겨날 때, 즉 빅뱅 상태일 때 대형 입자가속기를 통한 입자 충돌 실험으로 재현하고자 함이다. 이는 최초 우주의 상태를 밝히려는 것이다. 우주의 시초와 근원은 앞서 고대 자연철학자들이 탐구했던 아르케를 의미한다. 물론 당시에는 입자가속기도 없었고 지금처럼 자연에 관한 발전된 지식 체계도 갖고 있지 못했다. 하지만 고대 그리스 자연철학자들이 던진 근본적인 물음은 그대로 현대 입자물리학으로 이어지고 있다. 이는 고대 그리스 자연철학자들과 현대 물리학자들만이 공유하는 물음이 아니다. 현재 철학이 연구하는 형이상학적인 문제와 근본적으로 다르지 않다.

과학의 발전은 철학의 발전으로부터 출발했으며, 과학사는 철학사와 불가분의 관계를 가진다. 철학자들만의 주장이 아니라 통상적으로 이해되는 과학사에 대한 일반적인 생각이며, 자연과학자들도 이 점을 부정하지 않는다. 한국의 물리학자인 이강영은 "입자물리학의 출발이 실상은 고대 그리스 자연철학자인 데모크리토스로부터 시작되었다"며, 이를 '데모크리토스의 꿈'이라고 부르기도 한다.[10]

---

9 이강영, 앞의 책 , 577-580쪽, 493쪽 이하.

10 이강영, 앞의 책, 32-38쪽. 다음을 함께 참조하길 바란다. 김영식·박성래·송상용, 『과학사』, 전파과학사, 2013. 게오르크 포일네르, 『물리학의 역사』, 혜원, 15-54쪽. 스티븐 호킹, 『그림으로 보는 시간의 역사』, 까치, 1996, 2-13쪽.

우리는 통상적으로 자연에 관한 참된 지식을 주는 학문은 철학이 아니라 자연과학이라고 생각한다. 틀린 말은 아니다. 그런데 자연과학과 인문학을 엄격히 구별하는 동시에 이제는 유행처럼 이 두 학문을 융합하고 통섭해야 한다. 자연과학적 이론이나 가설 혹은 주장은 관찰과 실험에 의해서 참–거짓으로 실증될 수 있는 명제로 구성된다. 그에 반해 인문학은 앞서 시를 예로 들어 살펴봤듯이 참–거짓으로 실증할 수 없어 보인다. 그래서 사람들은 인문학은 우리가 사는 세계에 참된 지식을 주는 것이 아니라 단지 우리 삶에 지혜와 위안 그리고 통찰을 주는 역할만 한다고 생각하는 경향이 강하다. 이런 경향에서 철학을 단지 인문학으로만 생각하면 철학을 반쪽만 이해하게 되는 꼴이다. 철학을 자연과학과 동일시할 수는 없지만 그렇다고 철학이 자연과학과 전혀 상관없다고 생각하는 순간 철학과 자연과학적 지식이 가지는 근본적인 성격을 제대로 이해할 수 없게 된다.

만약 철학과 자연과학이 밝히고자 하는 궁극적인 대상과 주제가 근본적으로 맞닿아 있다면, 철학은 자연과학적 지식의 성격도 가지는 동시에 인문학적 지식의 성격도 가지는 것으로 이해해야 한다. 철학은 자연세계에 존재하는 참된 실재가 무엇인지도 탐구하지만, 인간의 삶의 의미와 가치에 대해서도 탐구한다. 전자는 자연과학이 추구하는 지식의 성격을 철학이 가지고 있음을 말해 주고, 후자는 철학의 인문학적 성격을 대변한다. 철학사를 꼼꼼히 살펴보면 철학은 자연과학에게 과학적 연구 방법이 무엇인지, 자연과학적 지식이 갖춰야 할 토대와 조건이 무엇인지를 알려 준다. 잘 알려져 있다시피 자연과학의 기초인 수학과 논리학을 발전시킨 학문은 다름 아닌 철학이다. 삼단논법을 체계화하여 논리적 추론에 관한 이론을 정리한 사람은 아리스토텔레스이고, 아르케를 '수'라고 주장한 사람은 대표적인 고대 수학자인 피타고라스다. "나는 생각한다. 고로 존재한다(cogito ergo sum)”로 잘 알려진 데카르트는 대수학과 좌표 체계를 창시했을 뿐만 아니라 광학연구에도 조예가 깊었다. 모나드론으로 유명한 라이프니츠도 미적분을 뉴튼과 비슷한 시기에 발전시켰으며, 언어분석철학의 아버지라고 할 수 있는 프레게도 우리가 고등학교 수학에서 가장 먼저 배우는 집합론에 기초를 놓아 준 철학자다.

고등학교 수학에서 가장 먼저 배우는 명제에 대한 정의를 초기 분석철학자들이 해 줬다는 점을 우리는 너무 쉽게 잊고 있다. 인간의 삶과 그 의미를 이해함으로써 우리는 현실과 삶 자체에 대한 다양한 해석이 가능해졌다. 철학은 이 과정에서 이론적 기초를 놓아 줬다.

그러한 철학의 대표 분야로 현상학과 해석학을 꼽을 수 있다. 서양철학은 자연에 대한 참된 원리이자 시초인 아르케에 대한 탐구로부터 출발했다. 현대 자연과학이 해결하려고 노력해 온 여러 문제와 고대 그리스 자연철학자들이 가진 문제들은 근본적으로 다르지 않다. 만약 탈레스, 엠페도클레스, 피타고라스, 데모크리토스와 같은 고대 그리스 자연철학자들이 지금 시대에 태어났다면 그들은 어쩌면 자연과학—특히 물리학, 화학, 수학—을 연구하고 있을지도 모른다. 그리고 사람들은 그들을 철학자가 아닌 자연과학자라 부를 것이다. 고대 그리스 자연철학자들이 당시 학문적 관심을 그대로 연구하더라도 오늘날 사람들은 그러한 연구를 철학이 아닌 자연과학이라고 부를 것이다. 하지만 고대 그리스 시대에 그들이 내보인 학문적 활동은 분명 자연철학이다. 왜 같은 연구인데 과거에는 철학이고 현재에는 과학이 되는가?

자연철학에서 자연과학으로

자연과학은 19세기 초중반까지만 해도 자연철학으로 분류되었다. 서양학문의 체계를 갖추는 데 있어 초석을 놓아 준 아리스토텔레스는 학문을 논리학, 자연학, 형이상학, 윤리학으로 분리했다. 그리고 자연학에는 물리학, 지구과학, 생물학 등 현재의 자연과학에 해당하는 학문들이 포함되었다. 이 모든 학문 체계는 곧 철학의 체계였다. 다시 말해 아리스토텔레스 이후 아주 오랫동안 자연학은 철학의 한 분야였던 것이다. 뉴턴이 만유인력 법칙을 발표한 책의 이름도 『자연철학의 수학적 원리(philosophiae naturalis principia mathematica)』였다. 변증법으로 잘 알려진 헤겔은 교수자격 논문으로 「행성궤도론」을 썼는데 철학을 논리학의학, 자연철학, 정신철학으로 구분하고 자연철학은 역학, 물리학, 유기체적 물리학으로 구분했다. 흥미롭게도 자연철학에 담긴 내용은 지금의 물리학, 화학, 생물학에 해당한다. 헤겔은 당시 광물학회 회원이기도 했는데 오늘날 광물학회는 지질학회에 가깝다고 할 수 있다. 이와 관련하여 가다머는 다음과 같이 말한 바 있다.

"철학과 과학의 관계 규정에 이르는 첫 번째 길은 철학의 과학성을 아주 진지하게 문제 삼았던 그 시대로 돌아가는 것이다. 바로 헤겔과 셸링의 시대다. (중략) 헤겔은 자연철학과 정신철학을 결부시켜 논리학의 이념 철학을 실재 철학으로 통일했다. 다시 말해 헤겔과 셸링의 체계적 시도는 과학을 새롭게 정당화하고 역으로 독일 관념론을 과학의 근거로 삼으려 한 것이다."[11]

---

11 한스 게오르크 가다머, 『과학 시대의 이성』, 22쪽.

19세기 중반까지만 해도 자연과학은 별도의 학문을 의미하지 않았을 뿐만 아니라 자연철학이라는 말로 통용되고 있었다.[12] 따라서 오늘날 우리가 부르는 자연과학은 자연철학에서 나온 말로 자연철학이 자연과학으로 발전한 것이라 볼 수 있다. 그러므로 철학을 자연과학과 무관하다고 생각해서는 안 된다. 철학을 인문학으로만 보는 것은 철학에 대한 명백한 오해다. 앞서 살펴본 바와 같이 자연과학은 자연철학의 연장선상에서 이해해야 한다. 자연철학이 탐구하고자 했던 아르케나 자연에 대한 궁극적 원리는 오늘날 첨단 자연과학자들이 머리를 싸매고 연구하는 대상이자 핵심 문제다. 현대 자연과학자들은 자연의 원리와 법칙을 탐구하는데, 여기서 원리(principle)는 라틴어 principium에서 온 말이다. 라틴어 principium의 원래 뜻은 시작이다. 따라서 이 말은 고대 그리스 아르케에 대한 라틴어 번역에 해당한다. 자연의 원리를 탐구하는 오늘날의 자연과학은 자연철학에 뿌리를 두고 있다고 생각할 수밖에 없는 부분이다.

물론 오늘날의 자연과학은 그 규모와 방법, 지식의 정확성 면에서 볼 때 고대 그리스 자연철학과 비교할 수 없을 정도로 발전했다. 그럼에도 자연철학의 근본적인 물음이 고대 그리스 자연철학의 물음과 다르지 않다는 점에는 변함이 없다. 지금의 현대 물리학에 비하면 보잘것없어 보이는 고대 그리스 자연철학자들과 철학사에 등장하는 여러 철학자들의 탐구가 지금의 고도 발전된 현대 자연과학의 길을 사실상 열어 준 것이나 다름없다. 인류의 정신사 속에서 길을 열어 준 것은 고대 그리스 자연철학이라고 인정해야 할 것이다.

과학의 아르케는 철학이었다. 신의 의지와 활동으로 세계를 설명하고

---

12 다음을 함께 참조. 권영우, 「철학은 인문학인가: 철학, 과학의 본래적 이름」, 『동서철학연구』 73권, 한국동서철학회, 2014, 381-382쪽.

이해하려 했던 신화적 세계관에서 벗어나 세계를 이성으로 파악하려는 로고스적 세계관이 발전하면서 고대 그리스 자연철학이 생겨났다고 볼 수 있다. 자연철학의 목표는 자연의 아르케를 탐구하는 것이었다. 물론 당시 시대적 한계로 인해 자연철학도 신화적 세계관으로부터 완전하게 벗어날 수는 없었다. 하지만 아르케에 대한 탐구는 인간이 스스로 자연 자체의 질서와 원리 그리고 자연현상의 근본적인 원인을 알고자 하는 정신 활동이 이뤄 낸 결과물이라고 볼 수 있다.

이렇게 자연에 대한 참된 앎을 추구하는 인간 정신의 활동을 '지혜에 대한 사랑(philosophia)'이라고 이해할 수 있다. 인간과 세계에 대한 참된 앎을 추구하는 것은 학문(science) 일반의 목적이라고 볼 수 있다. 'science'는 오늘날 과학을 지칭하지만 본래 라틴어의 scientia에서 유래한 이 말은 앎 혹은 지식을 뜻한다. 따라서 철학이 지혜를 사랑하고 추구하는 것이라면 참된 지식을 추구하는 모든 학문과 동일한 목표를 공유한다고 봐야 할 것이다. 물론 자연과학도 자연에 대한 참된 지식을 추구한다. 이런 점에서 자연과학도 철학과 동일한 목표를 공유하는 셈이다.

인간의 학문 탐구 활동은 세계 전체의 아르케와 근거를 찾고자 하는 목표를 가진다. 이러한 인간 정신의 활동이 현대 자연과학의 발전까지 이어져 온 셈이다.

철학과 과학

철학은 인류의 지성사에 있어 스스로 이뤄 낸 엄청난 성과와 그 가치에 비해 오늘날 너무 많은 오해와 푸대접을 받고 있다. 앞서 언급했듯 '철학은 인문학이며 자연과학과는 무관하다'는 생각이 철학에 대한 대표적인 오해다. 그러나 철학은 자연과학의 발전에 토대를 놓아 줬을 뿐만 아니라 자연과학의 학문적 방법론을 발전시켰다. 심지어 자연과학 자체이기도 했다.

우리는 현재 AI를 운운하면서 AI가 가져다줄 미래에 대해 희망과 불안을 동시에 가지고 있다. 그리고 사람들은 AI와 컴퓨터공학과의 연관성에 대해서만 생각하지, 철학이 AI의 단초를 제공해 줬다고는 조금도 언급하지 않는다. 앨런 튜링이 한 실험에 의해 컴퓨터가 마음을 가질 수 있지 않을까 하는 철학적 문제에서 AI가 등장했다는 점에 대해 사람들은 전혀 관심이 없어 보인다.

서양에서는 19세기 전까지만 해도 철학이 최고의 학문이었다. 자연과학을 포함한 여러 학문이 철학으로부터 발전해 왔다는 점을 부인하기 힘들 것이다. 하지만 누군가는 이렇게 말할 수도 있을 것이다. "철학이 영광을 누리던 시대는 이미 지났고 새로운 시대가 왔으니 이제 철학이 과거에 누리던 영광을 과학에 물려줘야 한다!"고. 만약 이 말이 옳다면 이제 철학은 종말을 고해야 할 것이다. 이런 말은 마치 이제 과학의 시대가 도래했다고 선포하는 것처럼 들린다. 다시 말해 과학이 지배하는 시대에 과학이 아닌 학문들은 희망적인 미래도 없고, 지금도 쓸모없다고 생각하는 것이 어찌 보면 자연스러운 현상처럼 보인다.

그런데 인문학의 위기와 철학의 위기는 구분할 필요가 있다. 철학은 인문학에만 속하지 않기 때문이다. 철학은 자연과학과 함께 발전해 왔고 지금도 자연과학과 밀접한 관계를 맺고 있기 때문이다. 아주 단순하게 논리학과 수학이 철학에 의해 발전했다는 점을 기억해 보라! 따라서 철학을 오직 인문학으로만 생각하는 것은 철학에 대한 분명한 오해다. 그러나 이러한 오해는 너무도 넓게 퍼져 있다.

철학의 영역에는 자연과학과는 분명히 다른 인문학적 성격이 있다. 철학을 인문학으로만 치부하기에는 너무도 넓은 문제와 영역을 철학은 다루고 있다. 철학이 다루는 많은 문제와 주제는 자연과학과 불가분의 관계를 가진다. 따라서 철학의 위기는 인문학의 위기와는 다른 차원에서 접근할 필요가 있다.

사실 철학의 위기는 형이상학의 위기에서 왔다. 한정된 지면으로 인해 형이상학의 위기에 관해 언급할 수 없다는 점이 아쉬울 따름이다. 그래도 간략히 이야기하면 형이상학은 알 수 없는 것에 대해 알고자 하기 때문에 학문으로서 성립이 불가능하다. 이 점이 형이상학을 위기로 내몰았다고 할 수 있으며 특히 자연과학의 발전으로 인해 마치 몰락한 학문으로 여겨지고 있는 상황이다. 그럼에도 한 번도 철학에서 사라진 적이 없었다. 아마 앞으로도 인간이 신에 대해서 그리고 세계에 대한 가장 근본적인 근거와 법칙을 알고자 한다면 절대 사라지지 않을 것이다. 더욱이 최첨단의 물리학자들이 세우는 가설과 물음들이 매우 형이상학적이라는 점을 기억할 필요가 있다.

형이상학이 위기라지만 이미 자연과학의 첨단에서 깊숙이 자리를 잡아가고 있다. 철학은 과학과 함께 발전해 왔고, 앞으로도 과학과 상호 영향을 주고받으며 철학은 발전할 것이라고 본다.

> "오늘에 이르기까지 대다수의 과학자들은 우주가 무엇인가를 기술하는 새로운 이론을 개발하는 데에 너무 집착한 나머지 우주가 왜 존재하는가, 라는 물음은 제기할 수 없었다. 반면 왜, 라는 질문을 던지는 것이 자신들의 직업인 철학자들은 과학이론의 진전을 따라잡을 수가 없었다. 18세기에 철학자들은 과학을 포함해서 인간의 모든 지식

을 자신들의 연구 분야로 삼았고, '우주에는 시초라는 것이 있었는가'와 같은 문제를 논의했다. 그러나 19세기와 20세기에 과학은 극소수의 전문가들을 제외하고는 철학자나 그 밖의 모든 사람에게 지나치게 전문적이고 수학적인 것이 되어 버렸다. 철학자들은 자신들의 연구범위를 너무나 축소시켜서 금세기의 가장 유명한 철학자 비트겐슈타인은 "철학에 남겨진 유일한 임무는 언어분석뿐이다"라고 말하기까지 했다. 아리스토텔레스에서 칸트에 이르는 철학의 위대한 전통에 비한다면 이 얼마나 큰 몰락인가!

그러나 만약에 우리가 완전한 이론을 발견한다면, 머지않아서 소의 과학자들뿐만 아니라 모든 사람이 폭넓은 원리로서 그 이론을 이해할 수 있게 될 것이다. 그렇게 되면 철학자, 과학자 그리고 일반인들까지 우리 모두가 우리 자신과 우주가 왜 존재하는가, 라는 문제를 놓고 함께 토론에 참여할 수 있을 것이다. 만약 우리가 그 물음에 답을 발견한다면, 그것은 인간 이성의 최종적인 승리가 될 것이다. 그제야 비로소 우리는 신의 마음을 알게 될 것이기 때문이다."[13]

최고의 물리학자라고 할 수 있었던 스티븐 호킹이 한 다음의 말 속에 철학과 자연과학이 서로 무관한 별개의 학문이 아니라 이 두 학문 모두 우리가 사는 세계에 대해 동일한, 근원적 물음을 던지고 이 물음에 대답하기 위해 부단히 애쓰고 있다는 점이 잘 드러난다. 우리 곁을 떠난 이 위대한 과학자의 겸손한 자기 고백과 같은 말에 소위 과학의 시대를 산다고 자부하는 사람들이 귀를 기울였으면 한다. 필자는 그의 말이 '인간이 우주에 관해

---

13 스티븐 호킹, 『그림으로 보는 시간의 역사』, 까치, 2015, 233쪽.

많은 것을 알고 있다고 자부하지만 아직도 갈 길이 멀다'는 의미를 담고 있다고 생각한다. 이것은 인간의 유한성에 대한 자각이다. 이러한 유한성에 대한 자각은 인간을 한없이 겸손하게 만들 뿐만 아니라 드넓은 형이상학의 세계로 인도한다.

신의 마음을 알고자 했던 스티븐 호킹의 지적 욕구는 이미 형이상학에 닿아 있었다. 어쩌면 스티븐 호킹에게는 '고(故) 위대한 천체물리학자'라는 칭호보다 '고(故) 위대한 자연철학자'라는 칭호가 더 알맞은 게 아닐까?

[참고문헌]

한스 게오르크 가다머, 『과학 시대의 이성』, 책세상, 2009.

게오르크 포일네르, 『물리학의 역사』, 혜원, 2009.

권영우, 「철학은 인문학인가: 철학, 과학의 본래적 이름」, 『동서철학연구』 73권, 한국동서철학회, 2014.

권영우, 「한국의 인문학 소외 현상과 한국학의 세계와 방안」, 『건지인문학』, Vol.10, 전북대학교 인문학연구소, 2013.

김영식·박성래·송상용, 『과학사』, 전파과학사, 2013.

빌헬름 딜타이, 『정신과학에서 역사적 세계의 건립』, 아카넷, 2009.

박종현, 『헬라스 사상의 심층』, 서광사, 2001.

송영진, 『그리스 자연철학과 현대과학 I, II』, 충남대학교출판문화원, 2014.

스티븐 호킹, 『그림으로 보는 시간의 역사』, 까치, 2015.

이강영, 『LHC, 현대 물리학의 최전선』, 사이언스북스, 2015.

원효대사의 깨달음과 한마음 철학[14]

_김원명(한국외국어대학교 철학과 교수)

원효의 태어남

2017년은 원효(元曉, 617-686) 탄생 1400주년이다. 원효는 신라 제26대 왕인 진평왕(眞平王) 39년(A.D.617)에 태어나 제31대 왕인 신문왕(神文王) 6년(A.D.686)에 입멸했다. 그가 태어난 해는 신라에 불교가 공인되는 계기가 되었던 이차돈(異次頓, A.D.505-527) 순교(殉敎) 후 90년 되던 해였다.

그의 가계는 신라의 개국공신이자 박혁거세를 추대한 사로 6촌 촌장 중 한 사람인 설거백 또는 설호진으로 거슬러 올라간다. 그는 잉피공(仍皮公 또는 赤大公)의 손자이자 내말(乃末) 설담날(薛談捺)과 조 씨(趙氏) 부인 사이에서 둘째 아들로 태어났다. 태어난 곳은 압량군(押梁郡) 불지촌(佛地村)—현재 경북 경산시 자인면—의 밤나무골 사라수(裟羅樹) 아래였다고 한다. 『삼국유사(三國遺事)』에 전하는 이야기는 다음과 같다: 그의 어머니가 유성이 품으로 들어오는 꿈을 꾸고, 그를 잉태했다. 그의 어머니가 만삭이었을 때

14 이 글은 김원명의 『원효』(살림, 2008)와 은정희·김용환·김원명 역주의 『원효의 열반경종요』(민족사, 2017) 해제 등의 내용을 일부 삭제·수정·보완한 것임.

마을 근처의 밤나무 밑을 지나다가 갑자기 해산(解産)하게 되었는데, 이때 아버지의 털옷을 밤나무에 걸고 그 밑에서 그를 낳았고, 오색구름이 땅을 덮었다고 한다.

원효의 이름들

원효는 법명(法名)이고, 속성(俗姓)은 설(薛) 씨고, 속명은 사(思)이다. 어릴 적에는 서당(誓幢) 또는 신당(新幢)이라고 불렸다. 1915년 경주 월성군(月城郡)에서 발견된 깨진 비석(碑石) 조각에서도 그를 '서당화상(誓幢和尙)'이라 칭했다. '당(幢)'이란 속어로 '털'이라는 뜻이고, 그래서 '서당'과 '신당'은 모두 '새털'이란 뜻의 다른 표기다.

이 이름은 출생과 연관이 있다. 그가 태어날 때 밤나무에 걸었던 아버지 털옷 때문에 얻은 이름이다. 또 '새벽'이라는 뜻의 '사부'라고 불렸다. 호는 화정(和淨) 또는 화쟁(和諍)이라고 하며, 별명에 아명(兒名)과 관련 있는 모(毛)도 있고, 요석 공주와의 합궁 이후 스스로 칭한 소성거사(小姓居士)도 있다. 이외에도 후에 서곡사미(西谷沙彌), 백부논주(百部論主), 해동법사(海東法師), 해동종주(海東宗主)라는 이름으로도 불렸다. 고려 시대에는 원효보살, 원효성사(元曉聖師)라 존칭되고, 화쟁국사(和諍國師)라는 시호가 내려지기도 했다.

원효의 출가와 인연 있는 선지식들

『송고승전(宋高僧傳)』 등에 따르면, 원효는 어려서부터 총명했으며 열 살

무렵에 황룡사에서 출가하여 선지식을 찾아 공부했고 불법(佛法)의 깊은 뜻을 깨달음에 있어서는 특정한 스승이 없었다고 한다. 그는 출가 후에 자신의 고향 집을 희사(喜捨)해서 초개사(初開寺)를 세웠고, 밤나무골 사라수 근처에는 사라사(沙羅寺)를 세웠다.

원효가 비록 불법의 깊은 이치를 깨달음에 있어서 일정한 스승이 없었다고 전해지기는 하나, 그가 어려서부터 불법을 구하기 위해 만난 많은 선지식이 있었다. 신라에서 이차돈의 순교 이후 불교가 공인된 지 100년이 지나던 원효의 사미 시절에, 신라와 고구려 그리고 백제에는 불교에 정통한 많은 고승이 있었다. 그가 만난 선지식들 가운데 오늘날까지 알려진 이들은 영취산(靈鷲山)의 낭지(郎智), 흥륜사(興輪寺)의 연기(緣起), 혜공(惠空), 혜숙(惠宿), 대안(大安) 등과 고구려 반룡산(盤龍山)의 보덕(普德) 등이다. 광덕(廣德)과 엄장(嚴莊)은 그의 제자로 알려져 있다.

『삼국유사』「낭지승운조(朗智乘雲條)」에 따르면, 사미 시절 그가 반고사에 머물며 공부할 때 영취산 혁목암(赫木庵) 낭지의 가르침을 받았는데, 그의 나이 30세인 647년(선덕여왕원년)경 저술한 것으로 알려진 『초장관문(初章觀文)』과 『안신사심론(安身事心論)』이 낭지의 가르침을 받고 쓴 것으로 보인다. 그는 낭지의 제자 지통(智通)을 통해 자신의 글을 낭지에게 보내면서, 그 끝에 자신을 낮추어 서쪽 골짜기의 사미(沙彌)로 부르고, 지통을 높여 동쪽 봉우리[東岳]의 상덕(上德) 고암(高岩)이라 칭했다.

한편 고려 대각국사(大覺國師) 의천(義天)이 남긴 시에 따르면, 원효는 의상과 함께 고구려 고승인 보덕으로부터 『열반경』과 『유마경(維摩經)』 등을 배웠다고 한다. 보덕은 본래 고구려 승이었는데, 연개소문(淵蓋蘇文)의 도교(道敎) 우대 정책으로, 고구려의 반룡산에서 백제 땅 전주의 고대산(孤大山)으로 옮겨가 말년을 보냈다.

또한 『삼국유사』의 「석혜공전(釋惠空傳)」에 따르면, 그가 여러 불경을 해설하는 주소(註疏)를 지으면서 어려운 문제를 만나면 언제나 그것에 대해 포항의 항사사(恒沙寺)에 주석하던 당대의 신승(神僧) 혜공(惠空)에게 물었다고 한다. 오어사 대웅전에 소개된 이야기에 따르면, "원효와 혜공이 수도를 하다가 어느 날 법력으로 개천의 고기를 생환토록 하는 시합을 했다. 두 마리 중 한 마리가 살아 힘차게 헤엄을 치자 이때 살아 움직이는 고기가 서로 자신이 살린 고기라 하여 나 오(吾), 고기 어(魚)를 써서 오어사(吾魚寺)라 불렀다"고 전한다. 혜공은 기이한 승려로 전해지고 있으며 신라 10성의 한 사람으로서 『금강삼매경』의 저자로 추측되기도 한다.

또 대안(大安)은 『금강삼매경(金剛三昧經)』의 해동 편집자로 전해지기도 하는데, 대안의 추천으로 원효가 『금강삼매경』 강의를 하고, 또 그 강의를 위해 『금강삼매경론』을 쓰기도 했다. 그는 생김새가 특이하고 구리 바리때를 들고 다니면서 시장에서 "대안(大安)! 대안!"이라고 외치며 다녔다고 한다.

원효 나이 58세(675년, 문무왕 15년)에 원왕생가(願往生歌)를 지은 광덕(廣德)과 그의 친구 엄장(嚴莊)이 원효에게 사사했다고 한다. 이처럼 원효가 일정한 스승이 없었다고 하는 이야기와는 달리, 내 생각에 그에게는 많은 스승이 있었다. 다만 그에게 일정한 스승이 없었다는 것은 불교 내의 어떤 종파에 구애되는 법맥상의 스승이 없었다는 것으로 이해된다. 또 왕족과 귀족의 10대 제자를 뒀던 의상과 다르게 그의 제자로 추측되는 위의 두 인물은 왕족이나 귀족이 아닌 것으로 추측된다. 이외 원효의 이름 없는 제자도 많았을 것으로 추측된다.

원효, 당나라 유학길에서의 깨달음

원효는 당나라 현장(玄奘, A.D.602-664) 삼장과 자은사(慈恩寺) 문중을 흠모하여 그에게 신유식(新唯識)을 배우기 위해 당나라에 유학을 가려고 두 번 시도했으나 처음에는 가지 못했고 두 번째는 스스로 가지 않게 되었다. 첫 시도는 그의 나이 33세(650, 성덕여왕4년) 때로 의상과 함께 당(唐)에 가려고 압록강을 건넜으나 요동 땅에서 고구려 순라군에게 첩자로 오인을 받아 여러 날 동안 감옥에 갇혔다가 겨우 풀려나 돌아왔다. 두 번째 시도는 그의 나이 43, 44세 때로 당시 나당(羅唐) 연합군이 사비성을 함락(660, 무열왕 7년)하면서 백제가 멸망했다. 이때도 의상과 함께 유학길에 올랐다가 의상은 유학을 갔고 원효는 중간에 되돌아왔다.

원효가 되돌아오게 되는 계기가 되는 다음의 이야기는 사람들 사이에 많이 알려졌다: 원효와 의상은 경주를 떠나 백제 땅을 거쳐 현재 당진이나 화성 쪽에서 배를 이용해 당나라로 유학을 가려고 했다. 그들은 며칠을 걸어서 현재 화성 근처로 추정되는 곳에 이르러 어둠과 비를 피해 인적이 없는 산속의 굴을 발견해 그곳에 들어가 단잠을 잤다. 그들은 다음 날 일어나 보고 그곳이 시체와 해골이 뒹구는 무덤임을 알았다. 그러나 다음 날에도 세찬 비가 가시지 않아 그들은 그곳에서 하룻밤을 더 지내야 했다. 원효는 전날 밤과 달리 잠을 이루지 못했다. 시체와 해골이 뒹구는 무덤인 줄 모르던 전날 밤에는 꿀잠을 잤는데, 그것이 무덤이라는 것을 안 다음 날에는 눈을 감으면 귀신이 나올 것만 같았고 무서워서 잠을 이룰 수가 없었다. 이때 어제와 다른 자신의 마음을 알아채고는 크게 깨달았다. 심식(心識)의 진리를 글로만 알았다는 것을! 마음이 곧 진리고, 진리는 당나라가 아닌 내 마음 안에 있다는 것을!

"어젯밤 잠자리는 땅막이라 편안했는데, 오늘 밤은 귀신의 집에 의탁하니 매우 뒤숭숭하구나. 알겠도다! 마음이 일어나므로 갖가지 현상이 일어나고, 마음이 사라지므로 땅막과 무덤이 둘이 아님을. 삼계(三界, 욕계·색계·무색계)는 오직 마음이요, 만법은 오직 인식일 뿐이다. 마음밖에 현상이 없는데 어디서 따로 구하겠는가? 나는 당나라에 가지 않겠다!"[15]

원효는 공부를 했지만 아직 몸서리치며 내면의 온전한 변화가 일어나도록 깨닫지는 못했던, "마음이 일어나면 온갖 현상이 일어나고, 마음이 사라지면 온갖 현상도 사라진다[心生則種種法生, 心滅則種種法滅]"는 『화엄경(華嚴經)』의 말씀을 비로소 깨닫게 된 것이다. 그는 "땅막과 무덤이 둘이 아님[龕墳不二]"을 깨달았다. 그는 삼계(욕계·색계·무색계)가 오직 마음일 뿐이라는 삼계유심(三界唯心)의 원리를 깨달은 것이다. 그는 유학을 갈 필요가 없음을 알고, 경주로 되돌아왔다. 이후 그는 현장 유식을 비판하는 유명한 『판비량론(判比量論)』을 저술하게 된다.

요석 공주 사이에서 설총을 낳음

당나라로 가지 않고 경주에 돌아와 지내던 어느 날 원효는 "누가 자루 없는 도끼를 내게 주겠느냐? 내가 하늘을 받칠 기둥을 깎으리라[誰許沒柯斧 我斫支天柱]"라며 이를 노래로 부르면서 거리를 나다녔다. 태종무열왕만 이를 알아듣고 '이 대사가 귀부인을 얻어 슬기로운 아들을 낳고자 하는구나. 이 나라에 큰 현인이 있으면 좋은 일이 많을 것이다[此師殆欲得貴婦

15 찬녕, 「당신라국의상전」, 『송고승전』; 고영섭, 「원효의 통일학-부정(破·奪)과 긍정(立·與)의 화쟁법」, 예문동양사상연구원·고영섭 편저, 『원효(한국의 사상가 10인)』, 예문서원, 2002, 165쪽 재인용.

產賢子之謂 爾國有大賢 利莫大焉]' 하고 생각했다. 이에 무열왕은 궁리(宮吏)를 시켜 원효를 찾아오라고 했다. 원효는 문천교(蚊川橋)를 지나다가 만난 궁리를 본 후 일부러 물에 빠져 옷이 젖은 채로 궁에 들어왔고, 무열왕은 혼자가 된 둘째 딸 요석 공주에게 원효의 옷을 말리도록 명을 내리면서 원효와 공주를 맺어 줬다. 그렇게 설총(薛聰)이 태어났다. (설총은 이두를 만드는 등 학문적인 업적을 낳았고, 이두는 조선의 세종대에까지도 널리 쓰이게 되었다. 그는 고려 시대부터 조선 시대를 거쳐 현재까지도 한국 유교의 문묘에 배향된 십팔유현 가운데 첫 번째로 모시는 유학자가 되었다.)

원효는 이 일 이후 스스로 승복을 벗고 자신을 '근기가 작은 사내', 즉 소성거사(小姓居士)라 부르며 무애(無礙)의 보살행을 행한다.

한마음

일심(一心)은 '한[一]'과 '마음[心]'을 한자로 쓴 것이다. 한은 전통적으로 20가지 이상의 뜻을 가진 우리 토박이말이다. 전체로서의 한, 개체로서의 한, 불특정한 한, 특정한 한, 대략의 한, 둘이 아닌 한, 둘이 없는 한 등 뜻을 쉽게 생각해 볼 수 있다. 이 중 원효의 글 속에 "둘이 없는[무이(無二)]", "둘이 아닌[비이(非二)]" 한이 언급되어 있다. 한마음은 바로, 한의 바탕에서 스스로 신비롭게 이해되는 현상이다. 그는 이를 한문으로 다음과 같이 썼다: "이 둘이 없는 곳이 모든 법 가운데에 실(實)한지라 허공(虛空)과 같지 아니하여 본성이 스스로 신해(神解)하기 때문에 심(心)이라 이름한다(「소」, 此無二處諸法中實, 不同虛空, 性自神解, 故名爲心)."

그가 보기에는 이 둘이 없는, 차별이 없는, 고요와 침묵만이 있는 바탕이 어디에나 두루 펼쳐져 있다. 그래서 "이 둘이 없는 곳이 모든 법 가운데 꽉 차 있다"고 하는 것이다. 두루 꽉 차 있으니 텅 빈 허공과 같지 않고, '성품이 스스로 신령스럽게 이해'하기 때문에 '마음'이라고 한다. 이와 같은 설명의 말은 '말을 여의고 생각을 끊은 도리'의 설명이다. 이런 설명은 말과 생각을 끊은 경계로의 도약을 요구한다.

원효는 '둘이 없으므로 하나도 있지 않으며, 하나도 있지 않으므로 마음이라고 말할 것도 없지 않느냐'고 스스로 물으면서 '무엇이라고 불러야 할지 모르겠다'고 스스로 고백한다. 그러나 원효는 여기서 설명을 멈추지 않고 억지로 이름을 붙여서 '한마음'이라고 한다. 원효에 따르면 한마음은 '모든 현상의 바탕에 무생무멸(無生無滅)한 본래 고요한 경계'다.

한마음은 안으로 자기 마음을 들여다보고, 들여다보는 자기 마음도 또 보고, 다음으로 동시에 그 마음과 대응 또는 융통하는 세계를 보아서, 그 전체를 관통하는 '하나'를 맛보는 것과 관련이 있다. 이는 삶의 지혜와 직접적인 연관이 있다. 한마음은 세계의 배후나 궁극적 근원을 나타내는 서양적 개념의 실체라고 볼 수 없지만, 서양 전통에서 깊이 들여다본 것과 근원적으로 통하는 면이 있다고 생각된다.

서양에서는 그 시대마다 존재를 비은폐성(알레떼이아), 자연(피지스), 헤라클레이토스나 알렉산드리아의 필론이나 그리스도교의 로고스, 아낙시만드로스의 무규정성(아페이론), 파르메니데스의 하나(헨), 플라톤의 이데아, 본체(우시아), 아리스토텔레스의 에네르게이아로 표상하거나 또 토마스 아퀴나스의 순수존재현동(純粹存在玄動), 데카르트의 무한자, 헤겔의 절대정신, 니체의 힘에의 의지 등[16]으로 표상해 왔다.

---

16 박휘근, 『한국인의 존재지혜 I』, 한국외국어대학교 대학원 철학과 1998 가을학기 세미나 강의록, 1998, 25-26쪽 참조.

존재에 대한 그 시대마다 이와 같은 이해는 존재가 열어 밝혀져 있으면서 늘 감춰져 있다는 것을 나타낸다고 해석하도록 해 준다. 늘 감춰져 있다는 것은 시대마다 철학자들마다 존재로 표상해 온 것들이 각기 다른 말들로 드러나지만, 이 말들을 표상하도록 해 주는 그것은 드러나 있지 않다는 의미다. 그리고 열어 밝혀져 있다는 것은 시대마다 철학자들마다 존재로 표상해 온 것들이 각기 다른 말들로 드러나 언제나 표상되고 있는 바 존재가 늘 밝혀져 있다는 의미다.

하이데거는 존재자의 존재는 늘 열어 밝혀져 있으면서 스스로 감추고 있다고 한다. 그는 존재는 늘 침묵 속에서 그 시대마다 어디서나 언제나 그 시대의 부름 속에서 그때마다 드러나기를 기다리고 있으면서 동시에 다양하게 그 부름에 응답하고 있다고 한다. 존재는 시대마다 철학자들마다 다르게 표상되어 온 바 그 모두를 총섭하면서도 여전히 감춰져 있다. 그러나 존재를 시대마다 철학자들마다 표상해 온 그 말들은 모두 각각 존재를 표상하는 바, 늘 밝혀져 있다. 이것은 원효의 이야기와도 닿아 있다. 하지만 김형효는 한마음은 궁극적 존재나 단일적 실체와 같은 개념이 아니며, 오늘날 서양의 학문적 개념에 기대어 한마음을 이해하는 것은 경계되어야 한다고 한다.[17]

원효는『기신론(起信論)』주석의 체(體)·상(相)·용(用) 삼대(三大)의 설명에서, 일심이문(一心二門)에서 고요한 측면의 진여문(眞如門) 내에 체(體)를 두고 움직이는 측면의 생멸문(生滅門) 내에 자체(自體)를 둔다. 또 진여문 내에 용(用)을 두지 않으며 생멸문 내에 용을 둔다. 한마음에 두 가지 측면을 다룰 때, 고요한 측면에서의 체와 움직이는 현상의 측면에서의 자체가 서양

---

17 김형효,『원효에서 다산까지』, 청계, 2000, 28-29쪽 참조.

의 실체와 비교될 수 있는 개념으로 각각 다뤄진다. 한마음은 현상의 측면과 실체의 측면을 모두 지니며 양 측면을 총섭한다. 서양철학의 실체 개념과 비교해서 설명될 수 있는 부분이 없는 것은 아니지만, 원효가 설명하는 한마음은 서양철학과 다른 개념 구성 체계의 전통을 가지고 있으므로 원효의 설명 방식 안으로 들어가 원효를 읽을 때 오해하지 않을 가능성이 높아진다.

어떤 중요한 이론을 이해하려고 할 때 전통이 다른 어떤 이해 틀을 가지고 다른 문명의 이해 틀 속 개념을 등치시키거나 환원해 이해하려 한다면 왜곡이 일어날 것이다. 해석학적으로 해석자의 해석의 자유는 원전의 원저자 의도를 일차적으로 최대한 이해한 이후에야 있는 것이 아닌가 생각된다. 우선 원전 그 자체의 이해도를 높이는 것이 중요하다. 그 자체로 이해될 때 어떤 다른 것과의 차이와 동일성이 저절로 드러날 것이고, 해석의 자유도 가치가 있는 것이라 생각된다.

원효는 『기신론』 주석에서는 여래가 설한 일체 법문의 근본 뜻이 바로 일심이문(一心二門)으로 본다. 이 이문일심(二門一心) 혹은 일심이문(一心二門) 안에 어떤 하나의 법이나 뜻도 포함되지 않는 것이 없다는 것이다.[18] 그렇다면 일심이문이란 무엇인가?[19] 이 내용을 알아보기 전에 하나 생각해 볼 것이 있다. 정영근은 일심이문(一心二門)이 아니라 이문일심(二門一心)이라고 할 때 원효 사상의 특징이 더 잘 드러날 수 있다고 본다. 이문일심이라고 할 때 현실의 차별성에 대한 관심이 더 잘 드러나며, 이문이라는 서로 다른 것들 사이의 화쟁이 어떻게 가능한가의 방법을 명시할 수 있으며, 중국 화엄

18 은정희 역주, 『원효의 대승기신론 소·별기』, 일지사, 1991, 65쪽 참조.

19 은정희 역주, 같은 책, 86-89쪽 참조.

사상과의 연관성도 드러낼 수 있다고 본다.[20] 나는 원효 철학이 현상학적임을 감안할 때 정영근의 생각이 중요하다고 생각한다. 일심이문이라 할 때는 발생론적 기술이고 이문일심이라 할 때는 현상학적 기술로 보인다. 이 점을 받아들인다면 이문일심이라 하든 일심이문이라 하든 나의 지금 설명에서는 문제가 되지 않는다.

그러면 이문일심 혹은 일심이문이 무엇인지 알아보자. 원효는 이문일심 혹은 일심이문을 설명하면서 일(一)과 이문(二門) 그리고 심(心) 모두가 서로 서로 연결되어서 일어나, 구분되면서도 독립적으로 구분하기 어려운 개념이라는, 불상리(不相離)하면서도 불상잡(不相雜)하다는 설명을 한다. 원효는 일심이 인연(因緣)의 측면에서 세간법과 출세간법의 일체를 포괄한다고 한다. 그리고 일심의 이문, 즉 진여문(眞如門)과 생멸문(生滅門)이 해석(解釋)의 측면에서 모두 각각 일체법을 총섭한다고 한다. 여기서 알 수 있듯이 두 문은 분리된 것이 아니라 겹쳐져 있어 서로 여의지 않는 개념이다. "(더럽고 깨끗한) 염정(染淨)의 모든 법이 그 본성이 둘이 없으니 진망(眞妄)의 이문(二門)이 다름이 있을 수 없다."[21] 마음에 비춰지는 세상사의 경계 일체를 가장 단순화해서 더러운 것과 깨끗한 것으로 나눠 볼 수 있는데, 그런 더러운 것과 깨끗한 것 모두 그 본성이 따로 독립적으로 있는 것이 아니어서 참되다느니 거짓되다느니 하는 이분법적 경계의 두 문이 다른 문이 아니라는 것이다. 그렇기 때문에 '일(一)'이라고 한다. 차별적 세계, 이분법적 세계는 이제 동근원적인 세계로 둘일 수 없기 때문에 일(一)이라고 한다는 것이다.

"모든 정상에 고요함이 있다"는 시 구절을 하이데거가 그의 『형이상학

20 정영근, 「원효의 사상과 실천의 통일적 이해-기신론의 이문일심 사상을 중심으로-」, 예문동양사상연구원·고영섭 편저, 『원효(한국의 사상가 10인)』, 예문서원, 2002, 478쪽 참조.

21 은정희 역주, 같은 책, p.88 참조.

입문』[22]에서 인용하여 존재자의 존재 경계를 침묵으로 표상하여 가리켜 말하듯이 원효는 일체법을 총섭하는 경계로서의 일심을 고요함으로 말하고 있다. 이와 같은 고요함의 측면이 일심의 진여문 측면이고, 어리석음으로 그 어리석음을 따라서 생멸을 일으키는 측면이 일심의 생멸문 측면이다. 따라서 진여문과 생멸문이 서로 구분되는 면이 있다.

흔히 생멸문은 더러운 것이고 진여문은 깨끗한 것이라고 생각하는데 이는 잘못된 이해다. 생멸문은 더러운 것, 깨끗한 것을 각각 나타낸다. 그래서 더럽고 깨끗한 것 모두가 포함되지 않는 것이 없어 일체의 모든 법을 총섭하고 있는 것이다. 진여문은 더러움과 깨끗함의 통상(通相)일 뿐이지, 통상(通相) 이외에 따로 더러운 것이나 깨끗한 것이 없다. 진여문은 인(因)의 측면이며, 생멸문은 연(緣)의 측면이다. 인연이 화합하여 모든 현상을 이루듯이 생멸문에서도 진여를 포괄하고 있는 것이다. 그래서 원효는 생멸문 안에 자체(自體)를 상정하는 것이다. 따라서 진여문과 생멸문은 서로 융통하여 한계가 없고 두 문이 서로 여의지 않는다.

이처럼 원효가 주목하는 감춰져 고요한 측면의 진여문과 드러나 생멸하는 측면의 생멸문은 비일비이(非一非異) 불상리불상잡(不相離不相雜)의 무관계(無關係)적 관계(關係)로서 일심의 이중성과 통일성을 말해 주고 있다.

어울림(和諍)

어울림은 원효의 화쟁(和諍)을 가리킨다. 화쟁은 다양한 종파 불교가 공

---

22 마르틴 하이데거, 『형이상학입문』, 박휘근 역, 문예출판사, 1997.

존하던 동아시아 불교의 시대적 요청이며, 한반도 삼국의 전쟁과 통일 시기 정치·사회적 상황에서의 시대적 요청에 대한 보편적이며 고유한 응답이었다고 생각된다. 화쟁을 사상이라 해야 할지 논리라 해야 할지에 대해 한국 학계에서 의견이 아직 일치하지는 않는 것으로 보인다. 화쟁은 원효 저술 곳곳에 나타난다. 예를 들어, 『열반경종요』 서문에 해당하는 「술대의(述大意)」 앞부분에, "부분적인 것들을 나타내는 경전들을 통합하여 온갖 강물의 흐름이 바다의 한 맛으로 돌아가게 하며, 부처님 뜻의 지극히 공변됨을 열어 모든 학설의 각기 다른 주장들을 어우러지게 한다[統衆典之部分 歸萬流之一味 開佛意之至公 和百家之異諍]"[23]는 말이 나온다. 뒷부분의 "모든 학설의 각기 다른 주장들을 어우러지게 한다[和百家之異諍]"에서 화쟁을 직접적으로 설명하는 구절을 볼 수 있다. 또 그의 『이장의(二障義)』에서 "설명된 모든 것이 다 이치가 있다. 모두 다 이치가 있으므로 모두 허락되지 않음이 없고, 허락되지 않음이 없기 때문에 통하지 않는 것이 없다[所說諸難 皆有道理 有道理故悉無不許 無不許故無所不通]"[24]는 구절에서도 그의 화쟁을 이해할 수 있다.

원효의 화쟁이 주목을 받게 되는 최고(最古)의 현존 자료로 '서당화상비(誓幢和尙碑)'의 조각 일부 내용을 꼽을 수 있다.[25] 이 비문 내용 전체를 알 수는 없지만 그 일부 내용에서 『십문화쟁론』을 원효의 대표적인 저술로 기

---

23 은정희·김용환·김원명 역주, 『원효의 열반경종요』, 민족사, 2017, 53-54쪽.

24 원효 저, 『이장의』, 은정희 역주, 소명출판, 2004, 260-261쪽 참조; 元曉, 『二障義』, 한국불교전서1, p.814상05-06 참조.

25 이것은 1914년 9월에 하반부 세 조각과 1968년 9월 상부의 왼쪽 끝 한 조각이 발견되었다. 이만용, 『원효의 사상』, 전망사, 1983, 76-77쪽 참조; 오법안은 노부오 오토이의 「新羅元曉の生涯について」, Vol.41, No1(교토; 오타니가꾸호, 1961), 33-52쪽을 들어 1914년 5월에 이 비의 일부를 발견했다고 전한다. 오법안, 『원효의 화쟁사상연구』, 홍법원, 1988, 35-36쪽, 59쪽 참조.

술하고, 화쟁의 의미를 부각하고 있으며, 이 책이 많은 사람들의 칭송을 받는 것으로 기술한다.[26] 그 뒤 300여 년이 지나 고려 시대에 와서 한 번 더 화쟁을 높이 평가하고, 이를 원효 철학의 핵심으로 파악한다.[27] '서당화상비' 이후 전통적으로 원효 사상의 핵심을 화쟁으로 보고 『십문화쟁론』을 그 특징적 저술로 본 이래 연구자들이 원효의 화쟁을 연구할 때, 『십문화쟁론』 잔간과 원효의 다른 저술 등을 통해 복원한 『십문화쟁론』을 다뤘다. 그 외 이와 같은 화쟁이 펼쳐지는 술어들이 『기신론해동소』 『대승기신론별기』 『금강삼매경론』 『열반경종요』 『법화경종요』 등 곳곳에 나타난다. 그중에서 『열반경종요』가 열반의 의미에 대한 여러 주장과 이들 간의 차이로 생긴 주장들의 다툼을 전체적으로 화쟁하는 것을 잘 나타내 주고 있다는 평가를 받는다.

『십문화쟁론』은 목판본으로 2권 1책이다. 원래는 2권으로 원문(原文) 상권의 9·10·15·16장의 4장(張)과 불분명한 1장만 해인사에 남아 있을 뿐이다. 9, 10장은 공유(空有)에 대한 화쟁론이며 15, 16장은 불성무유(佛性無有)에 대한 화쟁론이다. 후인들이 많이 인용한 그의 요지문(要旨文) 등

26 「고선사서당화상비문(高仙寺誓幢和尙碑文)」에 의하면 원효 사후 100여 년이 지나 대력연간(766-780) 봄에 일본에 사신 행렬로 갔던 원효의 손(孫) 한림(翰林) 설중업(薛仲業)이 원효를 흠모하고 존경하는, 당시 일본의 높은 벼슬아치를 만나 융숭한 대접을 받는다. 이 사건 이후 20여 년이 흘러 9세기 초 애장왕(재위 800-809) 재위 때 각간 김언승의 후원으로 서당화상비가 세워진다. 김상현, 『원효연구』, 민족사, 2000, 337-341쪽 참조.

27 대각국사(大覺國師) 의천(義天)은 원효가 "백가의 다투는 실마리를 화합시키고 일대의 지극히 공정한 논을 얻었다"고 찬양하고, 고려 고종(高宗) 때에 조하향천단(朝何向天旦)의 『해동종수좌관고(海東宗首座官誥)』에 "신라 시대에 원효공이 태어나서 백가의 이쟁을 화합하고, 이문을 합하여 함께 돌아갔다"고 했다. 고려 숙종(肅宗)은 1101년(숙종 6년)에 원효에게 '화쟁국사'라는 시호(諡號)를 추증했고, 비를 세워 공덕을 기념했다. 의천, 『大覺國師文集』 16권, "和百家異諍之端, 得一代至公之論"; 『동문선(東文選)』 27권 38쪽, "曉公誕生羅代 和百家之異諍 合二門之同歸"; 이만용, 같은 책, 68-69쪽 참조; 『고려사(高麗史)』 11권, 「肅宗六年條」 참조; 김상현, 위의 책, 209, 301-302쪽 참조.

에 의하여 그 내용이 추론되고 있다. 이 논(論)은 백가(百家)의 이론(異論)을 모아 10문(十門)으로 분류하고 난구(難句)·이설(異說)을 모아 정리하여 일대승(一大乘)을 지향하는 총화(總和)의 이론적 근거를 제시한 책이다. 이 저술은 범어로도 번역되어 인도에까지 전해졌다고 한다.

『십문화쟁론』의 내용을 소개하면 다음과 같다. 제1문, 삼승일승화쟁문(三乘一乘和諍門)은 화쟁의 출발이다. 성문(聲門) 연각(緣覺) 보살(菩薩)이 하나의 부처이며, 무량한 승려가 모두 하나의 승려다. 일체의 부처님 법이 곧 일불승(一佛僧)으로 회통된다고 한다. 제2문, 공유이집화쟁문(空有異執和諍門). 여기서는 있음과 빔이 막힘없이 서로 통하므로 본래 대립적인 개념이 아님을 밝힌다. 이것은 인도의 중관과 유식, 중원의 삼론종과 자은법상종의 주요 쟁점인 공과 유의 대립을 화해시키는 것이다. 제3문, 불성유무화쟁문(佛性有無和諍門). "일체의 중생은 모두 불성이 있으며 모두 마땅히 성불할 수 있다"는『열반경』의 설에 기초하여, 무성(無性) 중생은 부처가 될 수 없다는 이집(異執)을 부순다. 제4문, 인법이집화쟁문(人法異執和諍門). 인계와 법계에 대한 불교계의 쟁점에 대해 중도의 원리로 화쟁한다. 제5문, 삼성이의화쟁문(三性異義和諍門). 변계소집성(遍計所執性)·의타기성(依他起性)·원성실성(圓成實性)의 삼성(三性)에 대한 이론을 화쟁한다. 제6문, 진속이의화쟁문(眞俗異義和諍門). 공유(空有)의 이론과 함께 진제(眞諦)와 속제(俗諦)에 대한 이론(異論)을 화쟁한다. 제7문, 이장이의화쟁문(二障異義和諍門). 두 가지 장애가 되는 소지장(所智障: 智障)과 번뇌장(煩惱障: 惑障)을 숨은 뜻과 드러난 뜻으로 판정해 화쟁한다. 제8문, 열반이의화쟁문(涅槃異義和諍門). 열반에 대한 여러 가르침의 이론을 화쟁시켜 열반의 바른 뜻을 드러낸다. 제9문, 불신이의화쟁문(佛身異義和諍門). 불신의 상과 무상의 이론을 화쟁한다. 제10문, 불성이의화쟁문(佛性異義和諍門). 불성에 대한 서로 다른 견해를 화쟁한다. 원효는 이 책을 통해 백가의 서로 다른 이론을 화쟁시켜 한 맛의 바다로 돌아가게 한다.

『열반경종요』 '열반문' 안의 마지막 절인 '화쟁문'에서는 보신(報身) 상주(常住)와 보신(報身) 무상(無常)의 상반된 주장을 상술하고, 주장의 시비를 문답하며 '모두가 얻는 게 있다'라고도 하고 '모두가 잃는 게 있다'라고도 한다. 각각의 주장이 서로 어긋나는데, 각각의 주장이 일리가 있기도 하고 잘못된 것도 있다는 것이다. 예를 들면, 코끼리를 만진 각각의 여러 장님이 코끼리에 대해 말할 때, 그가 말하고 그려 내는 것은 자기가 만지고 경험한 것이다. 장님들 각자가 설명하는 것은 코끼리를 다 설명하지 못한다는 면에서는 잃는 것이 있고, 서로 같을 수 없으니 어긋날 수밖에 없다. 그렇지만 그 각각의 설명들이 코끼리의 일부를 각각 설명하고는 있기 때문에 얻는 것이 있고, 일리가 없는 것이 아니다. 다음은 이 내용을 원효가 『열반경종요』에서 『열반경』을 인용하고 있는 것이다:

> 저 눈먼 사람이 각기 코끼리에 대한 설명을 하는 것과 같아서, 비록 코끼리의 실체는 얻지 못했지만, 그렇다고 코끼리를 설명하지 않은 것은 아니다. 불성을 말하는 것도 이와 같아서 여섯 가지 법이 딱 맞는 것도 아니며 여섯 가지 법을 벗어난 것도 아니다.[28]

이처럼 어떤 주장은 그 근거 안에서만 그 나름의 의미를 가지므로 그 주장만을 고집할 경우 다른 측면에서는 잃는 것이 있다. 각 주장은 부분

---

28 元曉, 『涅槃宗要』, 한국불교전서1, p.539a07-09. ; 혜엄 역, 『대반열반경(大般涅槃經)』(36), 대정신수대장경12, p.802b29-c02, "如彼盲人 各各說象 雖不得實 非不說象。說佛性者 亦復如是。非卽六法 不離六法"

적으로는 다른 설명이지만, 결국 하나를 가리키는 설명임을 알면 주장들이 서로 조화롭게 잘 어울릴 수 있다. 따라서 서로 다른 주장들 가운데 어느 한 설명만이 얻는 바가 있다고 할 수 없다. 원효가 쓰는 '서로 어긋나거나 방해되지 않는다'는 논증 구조를 보면 어긋나거나 방해되지 않음을 가능하게 하는 것을 알게 된다. 전체와 부분 사이의 방해와 어긋남은 전체를 보지 못하기 때문에 생기는 것이다. 그 전체를 보면 통하고, 통하면 조화가 저절로 일어난다. 애초에 주장들 간 방해나 어긋남은 필요 없었다. 어리석은 중생이 다만 전체를 보지 못해 오해하고, 오해한 것만을 믿고 고집해 그것들 사이가 어긋나고 서로 방해된다고 여긴 것이다. 그러므로 어리석음[無明]을 제거해 어긋남을 없앴지만 어긋남을 없애지 않은 것과 다르지 않다. 또 방해를 제거했지만 방해를 제거하지 않은 것과 다르지 않다. 이는 『금강삼매경론』에서 '일체중생이 어리석어[無明] 꿈을 따라 유전하는 것을, 한맛을 보게 하여 한마음이라는 근원으로 되돌아오게 하지만 제자리로 돌아오니 얻은 게 아무것도 없다'[29]고 하는 것과 같다. 조화는 어리석음을 제거하고 꿈으로 비유되는 치우친 견해에 대한 집착을 끊으면 저절로 일어난다. 서로 어긋나지 않기 때문에 모두 얻을 만한 게 있고, 꼭 그런 것만은 아니기 때문에 서로 어긋나지 않는다.

원효는 늘 부분적으로 보는 것과 한정 짓는 것을 경계한다. 광대심심(廣大甚深) 심원무한(深遠無限)한 열반의 경지에서는 어느 하나를 버리지 않고, 어느 하나를 선택하지도 않는다. 그래서 둘 다 받아들이는 것으로도 보이고 둘 다 버리는 것으로도 보인다. 그 이유는 부처님의 여러 가르침이 나오

29 원효, 『금강삼매경론(金剛三昧經論)』, 한국불교전서1, p.610a17-b01, "如來所化一切衆生 莫非一心之流轉故 皆說一味者 如來所說一切教法 無不令入一覺味故 欲明一切衆生 本來一覺 但由無明隨夢流轉 皆從如來一味之說 無不終歸一心之源 歸心源時 皆無所得 故言一味 卽是一乘" 참조.

게 되는 부처님 뜻은 넓고 크고 아주 깊으며 아주 멀고 끝이 없으므로, 한쪽 말에 그 뜻을 모두 담을 수 없기 때문이다. 『열반경종요』는 다음과 같이 끝을 맺는다.

> 부처의 뜻은 매우 멀고 끝이 없으니…… 부처의 뜻을 한정 지으려 하는 것은 마치 소라로 바닷물을 길으려는 것과 같고, 대롱으로 하늘을 보려는 것과 같을 뿐이다.[30]

소라를 합치고 대롱을 합치면 조금은 나아질 수 있을까? 그러나 그것 또한 소라와 대롱의 한계를 벗어날 수 없다. 주장이 있고 그에 따른 다툼과 갈등이 있을 때, 주장함의 의미 있음과 함께 그 의미의 한계를 알 수 있다면 화쟁(和諍)은 저절로 이뤄진다.

온전한 화쟁의 가능 조건은 인식론적으로 깨달음이고, 존재론적으로 한마음이다. 동일성이 바로 한마음이다. 원효가 동일성을 찾는 것이라 해서 통일(統一)적인 것을 주장하려는 것은 아니다. 그는 다양한 주장을 회통하기 위한 본질적 전제 조건이 한마음 혹은 깨달음임을 밝히는 것이다. 동일한 전제 조건 때문에 다양성이 죽고 통일성으로 귀착되는 것이 아니라 오히려 그 나름의 이치를 가지며 다양한 고유함이 온전히 살아나는 것이다. 이때 여러 다른 주장의 고집이 사라지며 온전한 제 뜻이 살아나서 전체적으로는 다 잘 어울리게 되는 것이다.[31]

---

30 원효, 『열반종요』, 한국불교전서1, p.547a18-21, "佛意深遠無限, … 限於佛意, 是猶以螺酌海用管闚天者耳."

31 원효, 『대승기신론별기(大乘起信論別記)』, 한국불교전서1, p.680a15-16; 원효, 『대승기신론소기회본(大乘起信論疏記會本)』, 한국불교전서1, p.742a09, "百家之諍無所不和也" 참조.

화쟁은 중생에게는 한마음이라는 근원으로 돌아가도록 길을 열어 주고 그 길로 안내하는 것이다. 그런데 동시에 중생이 한마음이라는 근원으로 돌아가도록 하는 그 화쟁의 힘은 곧 한마음이라는 근원의 힘으로부터 나오는 것이다. 존재의 부름에 응답하도록 하는 것이 존재자의 몫이기도 하지만 동시에 존재의 부름 없이는 존재자의 응답이 불가능하듯이, 한마음이라는 근원의 부름에 응답하는 힘은 여래의 씨앗을 품고 있는 우리 자신 중생의 몫이지만 한마음이라는 근원으로부터의 부름 없인 불가능하다. 그 때문에 온전한 존재 이해는 온전히 근원의 부름에 응답하는 것이다. 온전히 근원의 부름에 응답하는 것은 온전한 하나의 마음을 관(觀)하며 관하는 주체와 대상이 사라져 오직 관만이 성성(醒醒)하고, 무장무애(無障無礙)하여 그때마다 스스로 주인이 되는 것[隨處作主]이다. 우리는 시대마다 역사적 부름에 응답하며 열심히들 살아왔다. 또 열심히들 살 것이다. 우리가 일깨워야 할 것은 더욱 깨어 있는 마음이다. 어디를 향해 이토록 열심히 달려가는지 스스로 더욱 크고 넓은 시각으로 그리고 고요한 마음으로 돌아보는 것이다. 우리는 모두 남이지만 나와 다를 뿐 나와 동떨어진 남이 아니다. 남은 나로부터 떨어져 아무 관계도 없을 때가 아니라 나와 함께 있을 때 나와 마주해 있을 때만 남이다. 나 없이는 남도 없고 남 없이는 나도 없다. 이처럼 남과 나는 다르지만 동근원적(同根源的)이다.

화쟁은 불가 양립적인 대립의 해결을 지양하는 것이 아니고, 우주의 모든 원초적 사실이 이미 그 자체로 상관적 차이(pertinent difference)와 동일성(identity)의 법칙으로 짜여 있는 로고스를 뜻한다. 화쟁은 무아의 마음에 조명된 우주적 사실의 자연성을 말하는 무위법이다. 당위적으로 그렇게 되어야 한다는 이치를 가리키는 윤리나 도덕이 아니다. 화쟁을 변증법으로 말하는 이도 있지만, 변증법은 인간의 사회가 인위적으로 만든 이성의 논리다. 그러나 화쟁은 그와는 다른 자연이 본래 안고 있는 존재의 법칙으로서의 상관적 차이와 동일성 속에서 전체적으로는 잘 어울리고 있다는 것을 통찰하는 지혜에 다름 아니다.

상관적 차이는 A와 A'가 서로 불구대천의 원수처럼 공존이 불가능한 관계가 아니라, 서로 다르지만 같이 동거하는 그런 한 쌍의 이중성을 가리킨다. 높은 산과 깊은 계곡이 다르지만 같이 동시에 성립하는 이중성의 동거고, 삶과 죽음도 서로 다르지만 같이 하나의 양면성으로 성립하는 상관적 차이다. 그러므로 화쟁은 쟁론을 지양해서 화합해야 한다는 당위적 명령이 아니라, 상관적 차이가 서로 하나의 이중적 묶음으로서 존재하는 자연적 무위법인 것이다. 이런 상관적 차이는 차이가 한 단위로 동거하는 이중성의 법칙으로 불교의 연기법과 유사하다.

여기서 말하는 이중성은 일원성도 이원성도 아니다. 그것은 불일이불이(不一而不二)의 관계고, 이것이 화쟁의 다른 이름이다. 원효의 다음 말을 통해 이에 대해 보다 자세히 생각해 보자: "같음(同)은 다름(異)에 의해서 같음을 분별한 것이고 다름은 같음에 의해서 다름을 해명한 것이므로, 같음에서 다름을 해명하는 것은 같음을 나눠서 다름이 되는 것이 아니고, 다름에서 같음을 분별하는 것은 다름을 녹여서 같음이 되는 것이 아니다." 같음을 쪼개서 다름이 되는 것이 아니고, 다름을 녹여서 같음이 되는 것이 아니므로 같음과 다름은 서로 다른 차이 속에서 한 쌍으로 동거하는 것이다. 그러므로 여기서의 같음과 다름은 변증법적 모순 관계가 아니다. 그렇다고 감상적인 낭만적 통일을 위한 자기 분열도 아니다. 상생과 상극의 이중성처럼 야누스적 존재 방식을 이해하는 것이 화쟁이다.

원효는 존재하는 모든 것, 즉 생명 없는 것을 포함해 생명 있는 모든 것을 그 자신과 비일비이(非一非異)의 관계로 신적인 이해[神解]를 하고 그들의 마음과 자신의 마음이 다르면서도 동시에 하나임을 알고, 나와 남이 둘이 아니니[自他不二] 무연(無緣)함을 알고 그래서 동체(同體)로서 힘을 내어 무연자비(無緣慈悲)와 동체대비(同體大悲)를 이루고 그래서 대자대비(大慈大悲)한 삶을 살았다. 그래서 그의 삶은 무애(無碍)의 삶으로 규정된다. 그의 배움과 물음 그리고 그가 남긴 글들은 원음(圓音)을 듣고 일미(一味)를 맛보며 귀일심지원(歸一心之源)하도록 중음(衆音)으로 소리를 내면서 곳곳에 화쟁(和諍)의 글을 써 놓은 것이다.

원효의 저술과 학문

오늘날 우리에게 알려진 원효의 저서는 107종 231권(또는 70여 부 90여 권)이고, 이 가운데 현존하는 저서는 22부 27권이다. 그의 연구 범위는 대승과 소승, 경·율·론 등 거의 모든 영역을 망라하고 있다. 특히 그의 대표 저술들인 『대승기신론소(大乘起信論疏)』와 『금강삼매경론(金剛三昧經論)』 그리고 『판비량론(判比量論)』 등은 동아시아에서 전통적으로는 물론이고 오늘날까지도 학자들 사이에서 매우 높은 평가를 받고 있다.

원효의 저술에 나타나는 관용적인 표현들과 인용문들을 통해 불교학 이외에 『논어』와 같은 유가류 책들과 『노자』『장자』와 같은 도가류 책들을 두루 읽었음을 알 수 있다. 그러나 원효의 저술 가운데 유가나 도가 관련 저술이 있는 것은 아니다.

원효는 저술에 전념하던 중 682년(신문왕 2년), 즉 원효 나이 66세 이후에 『화엄경』「십회향품」에서 붓을 꺾고 궁을 떠나 굴(穴寺)로 거처를 옮겼고 이후 남긴 글은 없다. 원효 나이 70세인 686년 3월 30일에 굴에서 입적했는데, 생을 마칠 때는 굴에서 조용히 마쳤다는 기록뿐이다.

원효 사후 10년인 696년 7월에는 문아(文雅) 원측(圓測, 613, 진평왕35-696, 효소왕5)이 당나라 불수기사에서 입적했다. 의상(義湘, 625, 진평왕47-702, 성덕왕1)은 원효 사후 16년인 702년에 입적했다.

그는 당시 당나라의 국력이 신장되고 문화강국이 되어 가며 세계에서 가장 강력한 제국을 형성하는 시기에 한반도 신라에서 살았다. 고구려·백제가 나·당 연합군에 의해 멸망한 후 당 제국은 한반도 전체를 당 제국의 지배 아래 두려고 했으나 신라는 백제·고구려 유민들을 규합해 함께 당의 세력을 축출했다. 그는 고구려·백제가 멸망하고 결국 한반도에 신라만이 남아, 고구려·백제의 유민을 규합해 한반도에서 당 제국 군대를 축출하며, 삼국의 정체성을 하나로 만들어 가는 수십 년의 전쟁을 겪었다. 이와 같은 정치적 혼란기에 그는 당 제국으로부터 유입되는 거의 모든 대·소승의 불교 문헌을 연구했고, 그것들을 회통(會通)하는 많은 연구 결과를 글로 남겼다. 그 일부만이 우리에게 전해지고 있고, 발견되고 있다.

Philosophy History

2부

세계로 떠나는 문화

동화와 정신분석:
그림 동화 「홀레 할머니」 읽기

_라영균(한국외국어대학교 독일어통번역학과 교수)

동화란 무엇인가?

"옛날 옛적에"로 시작하는 동화는 우리를 신비하고 경이로운 세계로 안내한다. 그곳에는 마녀와 요정이 살고, 말이 날아다니고, 나무가 이야기를 한다. 또한 지푸라기가 금으로 변하고, 왕자님이 개구리로 둔갑하고, 천한 신분의 여자아이가 왕과 결혼을 한다.

누구나 어릴 적에 한 번쯤은 이 환상적인 동화의 세계에 빠진 적이 있을 것이다. 그렇다고 동화가 어린이에게만 즐거움을 주는 것은 아니다. 성인들에게도 동화는 어릴 적 추억을 소환하고 꿈과 상상력을 제공하는 역할을 한다. 동화의 동(童) 자는 아이를 뜻하기 때문에 많은 사람은 동화가 어린이를 위한 이야기이며 어린이에게만 적합한 이야기라고 생각한다. 하지만 역사적으로 보더라도 동화는 어린이들의 전유물이 아니다. 동화는 오랫동안 서민들 사이에서 구전되던 민담이며 주로 일터, 군대, 장례식 등과 같이 성인이 모이는 장소에서 구연되었다. 근세에 와서는 왕실과 귀족 사회의 살롱에서 유통되던 우아한 이야기이기도 했다.

동화가 어린이를 위한 문학 장르로 정착하기 시작한 것은 아동 교육의 사회적 필요성이 대두된 17세기 이후의 일이다. 이렇게 동화의 수용자, 수용 장소 그리고 사회적 기능은 역사적으로 상이하게 규정될 수 있지만 동화가 오랜 시간 남녀노소를 가리지 않고 강한 매력과 호소력을 지니는 것은 신화와 전설과 같이 인류의 경험과 지혜가 담긴 오래된 이야기로서 개인의 영혼뿐 아니라 인류의 의식이 발전해 온 과정을 말하고 있기 때문이다.

그렇다면 동화는 언제, 어디에서 생겼으며 오늘날까지 어떻게 전해지는 것일까? 동화의 기원에 대해서는 학자들마다 견해가 다르다. 어떤 학자들은 동화가 인도나 유럽 언어권과 같은 특정 문화권에서만 발견되는 문화적 현상이라고 주장하는가 하면, 어떤 학자들은 알레스카에서 아프리카 대륙에 이르기까지 모든 문화가 공유하는 인류의 보편적 산물이라고 주장한다. 특정 문화의 산물이건 보편적인 문화적 특징이건 동화가 선사시대가 아닌 역사시대의 산물이며, 구전 문화 전통의 중요한 부분을 차지한다는 점에 대해서는 대부분 동의하고 있다. 이렇게 동화는 특정한 역사적 현실에서 누군가에 의해 누군가에게 이야기되었으며, 입에서 입을 거쳐 오랜 세월 전승되어 왔다. 구비 전승된 동화 형태는 보통 '민속동화'라고 하고, 작가가 자신의 상상력을 바탕으로 지어 낸 동화는 '창작동화'라고 불린다. 그 중간 형태로서 구전되는 동화가 후대 작가의 개입으로 인해 변형된 경우도 있다.

동화의 원래 의미는 '작은 이야기'이다. 중세 때는 구원사나 초월적인 신의 세계를 주제로 삼는 보편적인 이야기가 중심 담론에 속했다. 이와 달리 세속적인 일상의 이야기나 현실적인 경험에 대한 이야기는 사소하거나 가치 없는 것으로 치부되었다. 동화는 이런 점에서 하찮은 이야기에 불과했다. 동화를 폄하하는 태도와 편견은 계몽주의 이후 사회 전체가 세속화되는 과정에서도 크게 변하지 않았다.

동화에 대한 인식이 크게 바뀌기 시작한 것은 1960년대부터이다. 시, 소설, 희곡과 같은 보편 장르 외에 일화, 잠언, 일기, 자서전 등의 '단순한' 장르들이 주목을 받으면서 동화도 진지한 문학 연구의 대상이 되었다. 이런 가운데 다양한 관점에서 동화를 해석하려는 노력은 동화의 다층적인 의미와 구조를 밝히는 데 크게 기여했다.

동화란 무엇인가? 동화 연구자들은 각기 다른 정의를 내리고 있다. 데케(A. Decke)는 "아주 오래된 인류의 지혜가 압축된 형식이며 상징적인 언어로 쓰인 지혜서"라고 정의하고, 클로츠(V. Klotz)는 "경이로운 이야기가 담긴 작고 단순한 이야기"라고 규정한다. 뤼티(M. Lüthi)에 따르면 "동화는 외적인 의미가 아니라 내적인 의미에서 참된 이야기이다. 그것은 사실적이지 않으며, 어떤 외적인 현실을 반영하지 않는다. 설사 그렇다 하더라도 매우 제한적이다. 동화는 내적인 현실을 반영한다. 동화는 현실 대신 진리를 제시한다".

이 정의들을 통해 알 수 있듯이 동화에서는 기적이나 경이로운 일들이 다반사로 일어나지만 어느 누구도 그것을 이상하게 여기지 않는다. 여기서는 사건의 인과관계가 무시되고 인간과 동물(식물), 현실과 비현실의 존재 영역이 명확하게 구분되지 않는다. 등장인물들은 개성이나 인격을 가진 구체적인 개인이 아니라 그저 있을 법한 특정한 유형의 사람들이다. 그래서 이들의 이름은 개인이 아닌 전형적인 성격을 말해 주는 일반 호칭(눈처럼 하얀 아이, 잿투성이 아이 등)을 쓴다. 이들의 신분도 구체적인 사회 계급을 지시하기보다는 추상적인 상하 관계나 극단적인 가치를 대변한다. 빈부와 귀천의 구분은 그냥 주어진 것이다. 밑에서 위로, 앞에서 뒤로, 여기서 저기로의 이동과 도약은 단순히 일어난 사건일 뿐 어떤 정치적·사회적 함의도 갖고 있지 않다. 동화에서는 누구나 부와 명예를 가질 수 있다. 특히 어린이,

여성, 바보, 아웃사이더 등과 같이 사회적 약자나 소수자가 아무런 사회적 조건 없이 부와 권력을 쥐는 것은 대수롭지 않은 일이다. 동화에서는 현실적으로 불가능한 일이 자주 일어나며 게다가 이야기기의 결말이 해피엔드로 끝나는 경우가 대부분이다. 바로 이 점 때문에 우리는 동화에 매료되고 열광하는 것이다.

동화의 매력과 인기는 여기에만 있는 것이 아니다. 동화는 원래가 구전되어 온 이야기이기 때문에 모든 사람이 쉽게 이해할 수 있는 언어와 구조로 이뤄져 있다. 동화는 이렇게 뛰어난 소통 능력을 지니고 있기 때문에 남녀노소를 불구하고 누구에게나 쉽게 다가갈 수 있는 장점이 있다. 또한 동화는 현실과는 다른 세계를 제시한다. 그것은 아름답고 행복했던 과거일 수 있고 미래의 행복을 약속하는 유토피아일 수도 있다. 혹은 현재의 현실을 대체할 수 있는 또 다른 현실일 수 있다. 이 모든 것은 상실된 것을 회복시키고, 부서진 것을 재건하며, 사라진 것을 복원시키는 기능을 갖고 있다. 이를 통해 동화는 현재와 과거를 연결시키고 불확실한 미래에 대해 현재를 풍요롭게 만든다. 동화는 옛이야기이지만 항상 우리 앞에 있으며 계속 영향력을 행사하기 때문에 학문적으로나 대중적으로나 지속적인 인기를 구가하고 있다. 물론 동화에 대해 긍정적인 평가만 있는 것은 아니다. 이데올로기 비판적인 관점에서 보면 동화는 누구나 일확천금을 벌 수 있고 누구나 멋진 왕자와 결혼할 수 있다는 헛된 희망을 유포한다. 이로써 동화가 체제에 순응하고 권력에 복종하는 사람을 만들어 낸다고 비판한다.

동화의 정의와 특징에 대한 설명은 이것으로 마치고, 이제 본격적으로 「홀레 할머니」를 살펴보자. 이 이야기는 그림 동화라고 불리는 그림 형제의 『어린이와 가정을 위한 동화』에 수록된 24번째 동화(KHM 24)이다. 그림 형제는 19세기 독일 교양 시민의 전형으로서 여러 분야에 조예가 깊은 학자였으며 독일 통일을 위해 헌신한 정치인이기도 했다. 이들이 활동하던 시대는 독일의 민족의식이 싹트기 시작하던 낭만주의 시대로서 분열된 독일과 독일인을 하나로 통일시킬 수 있는 구심점과 정체성이 절실하게 필요했던 시기이다. 민족의식에 고취된 많은 시민 계층의 학자들은 민족의 고유한 정신을 찾기 위해서는 숨겨진 문화유산을 발굴하고 연구해야 한다고 믿었다. 그림 형제도 동화가 순수한 민족정신의 근원이며, 이국적인 요소가 혼합되지 않은 민족의 소중한 유산이라고 확신했다. 이러한 낭만주의 정신에 심취된 그림 형제는 철저하게 실증적이고 학문적인 연구 방법에 따라 구전되는 동화를 있는 그대로 채록하고자 했다. 이 과정에서 그림 동화는 초판(1812년)부터 마지막 7판(1857년)까지 일곱 번의 수정 작업과 개작을 거쳐 오늘날 우리가 읽는 그림 형제의 동화가 되었다.

수차례에 걸쳐 수정과 보완이 불가피했던 데는 여러 요인이 있다. 먼저 도덕적 차원에서 전래 동화는 폭력적이고 선정적인 내용이 너무 많아서 어린이를 위한 이야기로는 부적합했다. 언어적인 측면에서도 좀 더 매끄러운 문장과 세심한 구성, 문어적인 요소의 강화, 이야기의 논리적인 전개와 심리적 동기를 강화하기 위해서 확장과 수정이 필요했다. 이로써 그림 형제는 전래동화의 구전성을 보존하기 위해 원문에 충실하겠다고 천명한 애초의 원칙을 지키지 못했다. 뿐만 아니라 독일 동화만을 수록했다는 그림 형제의 주장과는 달리 동화 제보자들의 가족 이력과 문화적 영향 등을 볼 때 독일 지역뿐 아니라 프랑스, 이태리 등지의 구전 이야기도 그림 동화에 포함되어 있다.

홀레 할머니

「홀레 할머니」의 원제목은 홀레 부인이다. 이 동화가 유래된 지역은 정확하게 특정하기 어렵지만 대략 독일 중부 카셀 지방의 호에 마이스너(Hohe Meissner)로 추정된다. 이 동화는 그림 동화의 다른 이야기보다 신화적인 색채가 강하다. 예컨대 우물에 뛰어든 주인공이 다른 세계로 여행하는 소재는 게르만 신화에서 차용된 것이며, 홀레 부인은 게르만 신화에 나오는 땅과 하늘의 위대한 여신 훌다(Hulda), 베르히타(Berchta)를 암시한다. 이 때문에 동화 해석의 권위자인 드레버만(E. Drewermann)은 「홀레 할머니」의 경우 심층심리학보다 신화적·철학적 해석이 더 적합하다고 말한다. 그에 따르면 「홀레 할머니」에는 선과 악, 미와 추와 같은 이원적 가치가 중심을 이루고 있으며, 의붓딸 황금 마리아(Goldmarie)와 친딸 역청 마리아(Pechmarie) 역시 이 상반된 가치를 대변하는 인물이다(이들은 우리말로 금순이와 똥순이로 번역될 수 있다). 중세 때 사람들은 세계를 여성으로 의인화하여 불렀으며 해와 달이 그녀의 집에 산다고 믿었다. 신화의 세계에서 해가 지고 다시 뜨는 것은 죽음과 부활을 의미했다. 드레버만은 우물에 빠졌다가 피안의 세계에서 다시 집으로 돌아오는 착한 황금 마리아의 이야기가 해와 달 신화와 유사하다고 보았다.

「홀레 할머니」의 해석은 관점에 따라 다양할 수 있다. 동화의 언어는 매우 비유적이고 상징적이어서 중층적 의미를 갖는다. 이는 동화의 해석이 다양할 수 있다는 것을 의미한다. 동화의 심리학적 함의는 이 많은 의미 중 하나에 불과하다. 우리의 관심은 동화가 인간의 내면세계를 어떻게 반영하고 있으며 우리 내면에 숨겨진 진실을 어떻게 주제로 삼는지 심층심리학적 관점에서 살펴보는 데 있다. 신화나 동화에는 많은 비유와 상징이 등장한다. 심층심리학자들은 꿈이나 정신질환자의 환상에 나타나는 상징이 동화에 나오는 상징과 유사하다고 주장한다. 이들은 이를 근거로 신화나 동화를 통해 표현되는 것이 개인의 무의식이나 인류의 집단적 무의식과 밀접한 관계가 있다는 것을 확인한다. 인류는 지성이 발전하기 전까지 논리적 사유 대신 직관을, 이성적인 언어 대신 이미지와 상징을 통해 세계를 경험하고 표현했다. 그러므로 동화에 나오는 형상이나 이미지들은 현실적인 것을 지시하는 것이 아니라 인류의 오래된 경험과 우리 내면의 불안, 공포, 욕망 등을 우회적으로 표현하고 있다. 따라서 동화는 텍스트의 표면 뒤에 숨겨진 깊은 의미 구조를 가지고 있다. 다시 말해 동화의 줄거리는 현실 세계에서 여러 이미지와 형상을 빌려오지만 그것들은 대부분 내면의 사건을 표현하고 있다. 동화는 한마디로 우리 안의 무대 위에서 펼쳐지는 한 편의 드라마라고 할 수 있다.

이제 동화 「홀레 할머니」를 함께 읽으며 그 의미를 하나하나 자세히 살펴보도록 하자.

> 한 과부에게 딸이 둘 있었는데 아름답고 부지런한 의붓딸과 못생긴데다 게으른 친딸이었습니다. 그러나 그 과부는 못생기고 게으른 친딸만 예뻐했기 때문에 아름답고 부지런한 의붓딸은 신데렐라처럼 재를 뒤집어쓴 채 혼자서 집안일을 도맡아 했습니다. 그 불쌍한 소녀는 매일 길옆에 있는 우물가에 앉아 손가락에 피가 나도록 실을 잣고 또 자았습니다.

동화의 첫 부분은 친딸과 의붓딸을 데리고 사는 과부에 대한 소개다. 사별한 과부가 언급되면서 아빠라는 존재는 아예 등장할 기회를 잃게 된다.「홀레 할머니」 외에도 많은 동화에서는 엄마가 아빠 없이 계모로 등장한다. 의붓딸은 신데렐라(잿투성이 아가씨)와 같이 엄마로부터 학대와 구박을 받는 존재이다. 계모와 의붓딸의 관계는 신데렐라의 이야기에서와 같이 오이디푸스적인 갈등을 암시한다.

오이디푸스 단계에 있는 여자아이는 아빠에 대한 사랑과 엄마에 대한 질투 때문에 엄마와 심한 내적 갈등을 겪게 된다. 엄마는 이 아이의 마음속에서 자신을 학대하고 미워하는 계모로 둔갑한다. 우리는 일상에서 자신의 불안과 공포를 타인에게 투사하여 부정적인 타자로 만드는 자기방어의 기제를 종종 경험한다. 심층심리학에서 특히 프로이트식의 관점에서 보면 이 동화는 오이디푸스 갈등을 겪는 여자아이의 성장 과정을 그리고 있다.

이 첫 장면을 통해 소녀는 오이디푸스적인 욕구에서 벗어나 사춘기에 접어드는 아이라는 것을 짐작할 수 있다. 뼈아픈 현실 인식과 함께 좌절과 고독을 경험한 소녀는 이제 현실을 인정하고 그 요구에 맞게 행동해야 한다. 그래서 소녀는 우물 옆의 길에서 실을 잣고 또 잣는다. 그런데 소녀는 왜 우물 옆 길가에 앉아서 물레를 돌리고 있을까? 앞에서 말했듯이 동화에 등장하는 인물이나 형상들은 비유나 상징으로서 다른 현실을 가리킨다. 먼저 우물은 일반적으로 알 수 없는 우리 내면의 깊은 곳을, 길은 우리가 살아가는 인생을 그리고 실을 잣는 행위는 운명의 실을 짜는 것을 뜻한다. 이렇게 보면 소녀는 자신의 내면을 향해 자기가 누구인지 계속 질문을 던지며 운명의 실을 열심히 짜고 있는 것이다.

> 그러던 어느 날 얼레가 피에 흠뻑 젖자 소녀는 그걸 닦으려고 우물 위로 몸을 숙이다가 얼레를 놓치고 말았습니다. 얼레는 그만 우물 속에 가라앉고 말았습니다. 소녀는 울면서 계모에게 달려가 사실대로 이

야기했습니다. 그러자 계모는 소녀를 무섭게 꾸짖으면서 말했습니다.

"얼레를 빠뜨렸으면 그걸 다시 건져 오는 게 네 몸에 이로울 거다."

피가 나도록 실을 잣다가 피에 흠뻑 젖은 얼레를 우물에 빠뜨리는 것은 무엇을 뜻할까? 피는 심리적 혼란과 고통을 겪는 소녀의 '피눈물이 나는 심정'을 말하는 것일까? 우물에 얼레를 빠뜨린 소녀는 삶의 방향을 잃고 방황하게 된다. 그런 소녀는 외부와 고립된 채 자신의 내면에 몰두하며 자신의 정체성을 찾으려고 애를 쓴다. 피의 상징을 두고 초경을 경험한 여자아이의 심리적 혼란으로 해석하는 경우도 있다. 프로이트식의 심층심리학자들은 이렇게 동화를 주로 아빠(엄마)를 죽이고 엄마(아빠)를 아내(남편)로 삼고 싶어 하는 무의식적인 욕망, 즉 오이디푸스(엘렉트라) 콤플렉스와 연결하여 해석한다.

모든 것을 성적 충동이나 섹슈얼리티로 환원하는 태도에 반대하는 융(K. G. Jung) 계열의 동화 해석자들은 신화와 동화에 등장하는 상징(원형)을 연구한다. 이에 따르면 「홀레 할머니」에 나오는 엄마는 독립적인 삶을 살 수 있게 아이를 자기 곁에서 내쫓는 추방자를 상징한다. 어쨌든 소녀가 겪는 정체성의 혼란과 계모의 질책은 엄마로부터 벗어나 새로운 자기를 찾기 위한 첫 번째 시도이다.

소녀는 우물가로 되돌아오긴 했지만 얼레를 어떻게 꺼내야 할지 막막하기만 했습니다. 아무리 해도 좋은 생각이 떠오르지 않자 마음이 다급해진 소녀는 그것을 건지기 위해 우물 속으로 뛰어들었고 그 순간 정신을 잃고 말았습니다. 얼마 후 눈을 뜨고 의식을 되찾은 소녀는 자신이 아름다운 풀밭 위에 누워 있다는 것을 알았습니다. 그곳에는 태양이 밝게 빛나고 많은 꽃이 아름답게 피어 있었습니다. 소녀는 풀밭을 가로질러 걷기 시작했습니다.

혼란과 번민 속에 방황하는 소녀에게 어떠한 출구도 보이지 않는 듯하다. 우물에 빠져 의식을 잃었던 소녀는 정신을 차리고 새로운 세계를 경험하게 된다. 이것은 꿈인가 아니면 그녀의 내면의 세계를 나타내는 것일까? 어쨌든 커다란 변화가 일어난 것임에는 틀림없다. 의식을 되찾은 소녀가 본 세계는 태양이 빛나고 꽃들이 만발하는 신천지이다. 이곳은 새로운 삶과 일탈이 가능한 해방과 자유의 공간이기도 하다.

그리고 얼마 가지 않아 빵이 가득 들어찬 오븐을 발견했습니다. 그런데 그 빵들이 소녀에게 소리쳤습니다. "우릴 꺼내 주세요! 우릴 꺼내 주지 않으면 우리는 다 타 버리고 말 거예요. 우리는 충분히 익었어요!" 소녀는 오븐에 다가가 기다란 나무 주걱으로 빵을 모두 꺼냈습니다.

그러고 나서 소녀는 계속 걸어가 이번에는 사과가 주렁주렁 열린 사과나무 앞에 이르렀습니다. 그때 사과나무가 소리쳤습니다. "날 흔들어 줘요! 날 흔들어 줘요! 내 사과는 모두 익을 만큼 익었어요." 소녀가 나무를 흔들어 주자 사과가 비 오듯 떨어졌습니다. 소녀는 사과나무를 계속 흔들어 그 나무에 열린 사과를 모두 떨어뜨렸습니다. 소녀는 그 사과들을 모두 주워서 한 무더기로 쌓아 놓은 뒤 다시 걸어갔습니다.

그녀가 첫 번째 경험하는 것은 빵과 오븐이다. 밀가루 반죽은 오븐 안에서 적당한 시간이 지나야 빵이 된다. 여기서 중요한 것은 시간이다. 정해진 시간 안에 빵을 꺼내지 않으면 시커멓게 타서 먹을 수가 없게 된다. 오븐과 빵은 다른 동화에서도 자주 등장하는 이미지이다. 여기서 오븐은 엄마의 몸을, 빵은 아이를 상징한다. 아이는 때가 되면 엄마의 보호에서 벗어나 독립된 개인으로 자립해야 한다. 소녀는 오븐에서 빵을 때맞춰 꺼냄으로써 엄마와의 분리라는 과제를 성공적으로 수행한다. 그다음 소녀가 만나게 되는 사과나무는 여러 가지를 상징할 수 있다. 게르만 신화에서 이것은 젊음과 영생을 가리키는 여신 이두나(Idun)이지만, 심층심리학의 관점에서는 여성의 성을 상징한다. 사과를 흔드는 행위를 남성적 기능으로, 사과를 따는 행위를 성적 쾌락으로 해석한다면 사과를 다 딴 소녀는 여성의 성적 정체성을 획득했다고 할 수 있다. 사과를 선악과로 보는 사람들은 사과를 딴 소녀가 선과 악을 구분할 수 있는 인식 능력을 갖게 되었다고 해석한다.

마침내 소녀는 어느 조그만 오두막집 앞에 이르렀는데 한 늙은 여자가 창밖을 내다보고 있었습니다. 그 할머니는 대문짝만 한 이를 드러내 놓고 있어서 소녀는 그만 겁을 집어먹고 도망을 치려 했습니다. 그러자 할머니가 소녀에게 소리쳤습니다. “왜 날 두려워하지? 나랑 같이 살자. 만일 네가 집안일을 잘 해낸다면 너한테 좋은 일이 생길 게다. 너는 내 이불을 깃털이 날릴 정도로 잘 털어서 깔끔하게 정돈해 주기만 하면 돼. 그러면 그 깃털들은 눈이 되어 지상에 내리게 될 거야. 난 홀레 할머니거든.” 할머니가 아주 다정하게 말을 건넸으므로 소녀는 용기를 내어 그렇게 하겠다고 했습니다. 소녀는 할머니가 만족해 할 정도로 집안일을 아주 잘 해냈으며 늘 깃털들이 눈송이처럼 휘날릴 정도로 이불을 잘 털었습니다. 할머니도 소녀에게 아주 잘 대해 줬습니다. 항상 친절한 말과 자상한 얼굴로 소녀에게 매일 굽거나 삶은 고기를 주곤 했습니다.

그다음 소녀는 무서운 홀레 할머니를 만난다. 이 할머니는 누구이며, 소녀는 왜 이 할머니를 보고 두려워하는 것일까?

동화에 자주 등장하는 마술사, 마녀, 요정, 왕자는 종종 주인공의 성장 과정을 돕는 조력자의 역할을 한다. 이 존재는 주인공이 인생의 다음 단계로 도약·발전할 수 있게 이끌어 주는 기능을 한다. 우리는 새로운 것과 낯선 것을 만나게 되면 호기심이 생기지만 한편 두려움이 앞서 뒤로 물러서게 된다. 인생의 중요한 전환점에서 새로운 것을 시작하려면 늘 용기와 결단이 필요하듯이 소녀는 용기를 내어 할머니의 지시에 적극적으로 따른다. 그녀가 해야 할 과제는 이불을 깔끔하게 털고 집안일을 열심히 정리하는 일이다. 소녀가 턴 이불의 깃털은 눈이 되어 지상에 내린다. 예전에 독일 헤센 지방의 사람들은 눈이 내릴 때면 홀레 할머니가 이부자리를 턴다고 말했다. 눈의 하얀 이미지는 소녀가 가사일을 아주 청결하게 잘 해냈음을 부각시킨다. 과거 남성 중심 사회에서 여성의 직업은 가사와 육아에 국한되었다. 알뜰하고 청결하게 살림을 꾸려 가는 것은 성인이 되어 가는 여자아이가 반드시 익혀야 할 과제이자 의무였다. 이 동화는 그것을 가르치고 있다. 그러나 오늘날의 관점에서 보면 소녀는 홀레 할머니의 집에 체류하면서 사회생활과 직업 활동에 필요한 여러 지식과 자세를 습득했다고 말할 수 있다.

그러나 홀레 할머니와 꽤 오랫동안 지내게 되자 소녀는 점차 우울증에 빠져들기 시작했습니다. 소녀는 처음에는 무엇 때문에 그렇게 우울한지 알지 못했으나 결국 자신이 집을 그리워하고 있기 때문이라는 것을 깨닫게 되었습니다. 집에 있는 것보다는 홀레 할머니와 지내는 편이 훨씬 더 나았지만 그래도 소녀는 집으로 돌아가고 싶었습니다. 소녀는 홀레 할머니에게 말했습니다. "집으로 돌아가고 싶어 죽을 지경이에요. 여기가 집보다 훨씬 더 좋은 줄은 잘 알지만 그래도 가족에게 돌아가고 싶어요." 그러자 홀레 할머니는 말했습니다. "네가 집으로 돌아가고 싶다니 기쁘구나. 네가 그동안 날 위해 충실히 일해 주었으니 널 그곳으로 다시 보내 주마."

소녀는 왜 집으로 돌아가고 싶어 하는 것일까? 사춘기의 방황을 끝낸 아이라면 누구나 그렇듯이 소녀는 가족을 그리워하고 가족과의 관계를 복원하고 싶어 한다. 실제로 사춘기의 아이들은 말을 붙이기 어려울 정도로 자기 세계에 몰입하기 때문에 주변 세계와 소통이 단절된다. 그러나 이 단계가 지나면 아이는 다시 내면의 균형을 찾게 된다. 의식과 무의식이 서로 연결되고 외부 세계와 내면의 세계가 서로 조화와 균형을 이루게 된다. 그렇게 아이는 현실에 다시 적응할 수 있는 능력을 갖추게 된다.

할머니는 소녀의 손을 잡고 대문가로 데리고 갔습니다. 대문이 열리고 소녀가 바로 대문 아래 섰을 때 굉장히 많은 금이 쏟아져 내렸습니다. 그 금은 모두 소녀의 몸에 달라붙어 소녀의 몸은 금으로 빈틈없이 덮이게 되었습니다. 홀레 할머니가 말했습니다. "넌 아주 부지런하게 일해 왔으니 난 네가 그걸 가지고 갔으면 한다." 그러면서 할머니는 우물물 속에 빠뜨렸던 얼레도 돌려줬습니다. 대문이 닫히는 순간 소녀는 자신이 어느새 지상에 되돌아와 있다는 것을 알았습니다. 그곳은 집에서 그리 멀지 않았습니다. 소녀가 집 마당으로 들어가자 우물 위에 걸터앉아 있던 수탉이 소리쳤습니다. "꼬끼요오오! 황금 옷을 입은 처녀여, 웬 새 옷을 걸치고 있나요?"

소녀의 내면세계가 변했다는 것은 이편에서 저편으로 그리고 다시 저편에서 이편으로의 공간 이동을 통해 표현된다. 대문은 그 경계에 놓여 있다. 이 문을 통해 집으로 귀환하는 소녀는 꿈의 세계에서 현실로, 무의식에서 의식의 영역으로 그리고 미성년에서 성년의 단계를 거치며 일종의 통과의례를 치른다. 이 문을 통과하면서 소녀는 금 세례를 받고 잃어버린 얼레를 돌려받는다. 소녀가 받은 선물은 물질적 보상이 아닌 정신적인 성숙이며, 새로운 삶을 살아가기 위해 필요한 능력들이다. 실제로 소녀의 삶은 물질적인 의미에서 변한 것이 하나도 없다. 변한 게 있다면 그녀의 내면세계이다. 그 결과 소녀는 소녀가 아닌 처녀로 호칭이 바뀌게 된다. 새벽을 깨우는 수탉의 울음소리는 소녀의 새로운 삶을 알리고 있다.

집에 돌아온 소녀는 자신이 경험한 것을 계모와 의붓 언니에게 자세하게 설명한다. 그녀의 말에 귀가 솔깃해진 계모는 친딸에게 우물가에 앉아 물레를 돌리라고 시킨다. 이 아이는 일부러 손에 피를 낸 뒤에 피에 젖은 얼레를 의도적으로 우물에 빠뜨린다. 동생과 달리 게으른 언니는 다 익은 빵을 오븐에서 꺼내지 않고 사과를 흔들어 따지도 않는다. 홀레 할머니를 무서워하지 않고 할머니가 시키는 대로 성실하게 이불을 털지도 않는다. 참다못한 할머니는 끝내 소녀를 내보내지만 그녀는 내심 기대했던 금 대신 영원히 지워지지 않는 시커먼 기름을 뒤집어쓰며, 얼레도 돌려받지 못한다. 이를 본 수탉은 처녀가 아닌 "더러운 소녀"라고 소리치며 야유한다.

두 번째 이야기에서 우리는 자기의 삶을 주도적으로 이끌어 가지 못하고 엄마가 시키는 일을 마지못해서 하는 언니의 모습을 본다. 앞에서 말했듯이 빵과 오븐은 엄마와 딸의 몸을 상징한다. 다 익은 빵을 오븐에서 꺼내지 않은 것은 엄마와 딸의 분리가 이뤄지지 않았거나 지연되고 있음을 뜻한다. 익은 사과를 따지 않는 것은 소녀가 자신의 성적 정체성을 찾지 않을 뿐더러 그것을 가지려고도 하지 않는다는 것을 말한다. 이런 여자아이는 이성 교제에 어려움을 겪게 되고, 관계 능력이 부족하기 때문에 설령 결혼을 하더라도 실패할 확률이 매우 높다. 이 밖에 이불 털기와 가사 일을 게을리 함으로써 자신이 생활인으로서 무엇을 해야 할지, 어떤 능력을 갖춰야 할지도 모르고 있다.

이러한 상황을 종합해 보면 이 아이는 부모로부터의 독립, 성적 정체성, 직업과 같은 인생의 중요한 과제를 인식하지 못하고 있다. 왜냐하면 자신의 내면세계를 탐구하고 그것을 '자기'의 한 부분으로 받아들이는 작업을, 즉 자신의 내면을 통합하고 강화하는 일을 회피하기 때문이다. 이러한 일은 누가 대신해 줄 수 있는 그런 것이 아니다. 청소년기의 혼란과 위기는 누구나 겪는 과정이다. 이 과정을 통해 새로운 자신을 찾고 정립해야만 독립적인 개체로서 자신의 삶을 살아갈 수 있다. 부모의 과잉보호 속에서 자란 아이는 늘 부모가 자신의 요구나 과제를 대신 해결해 주기 때문에 스스로 자신의 문제를 해결할 기회를 빼앗기게 된다. 이러한 유형의 아이를 응석받이라고 부른다. 소위 마마보이(혹은 공주)라고 부르는 응석받이들은 평생을 타인에 기대어 성공을 기대하는 사람이다. 이들은 자기가 원하는 대로 일이 이뤄지지 않으면 늘 남 탓을 하고 자기의 요구가 받아들여지지 않으면 화를 내기 일쑤이다. 또한 자의식이 결여되어 있기 때문에 다른 사람이 나를 어떻게 보는지, 나를 어떻게 평가하는지에만 몰두한다. 이런 사람은 자신의 삶에 주인이 될 수가 없다. 심리학적인 관점에서 보면 이러한 태도는 하나의 병리 현상이다.

「홀레 할머니」에 등장하는 두 자매의 상반된 태도는 아들러(A. Adler)의 '생활양식'이란 개념을 통해 좀 더 구체적으로 설명될 수 있다. 사람들은 각자 자기만의 방식으로 자신과 세계를 바라보며 거기에 특별한 의미를 부여한다. 이 의미 부여의 총합이 생활양식이다. 여기에는 인생의 목표, 자기 이해나 다른 사람에 대한 태도, 세계관 등이 포함되며 그것은 평생 우리의 감정과 행동 방식을 결정한다. 우리는 생활양식을 무의식적으로 따르지만 생활양식의 모든 표현은 우리가 일찌감치 정해 놓은 삶의 목표를 지향한다. 이 가상의 목표를 추구하기 위해 여러 삶의 계획들이 수립되고, 이를 따르는 행동들이 모여 하나의 생활양식을 형성한다. 아들러에 따르면 생활양식은 열등감의 보상 과정에서 형성된다. 인간은 누구나 자기만의 특수한 열등감을 갖고 있다. 어떤 사람은 이 열등감을 정상적인 방식으로 보상하고, 어떤 사람들은 병적인 방식으로 보상한다. 전자의 경우에는 어려운 상황에서도 성공의 가능성을 찾고 자신의 인성을 강화하지만, 후자의 경우에는 과도한 권력과 우월 추구를 통해 열등감을 보상하려 한다. 아들러는 건강한 보상과 병적인 보상을 구분하는 기준이 공동체감이라고 규정하면서 건강한 사람은 자신의 우월 및 인정 욕구를 사회적 관심으로 승화시키는 반면 강한 열등감에 사로잡힌 사람은 자기 자신에 집착하기 때문에 사회적 고립을 자초한다고 말한다.

응석받이도 공동체에 기여할 줄 모르는 사람이다. 부모의 잘못된 양육태도로 인해 독립심과 자신감이 결여된 아이는 이기적이고 게으르며 인내심이 부족하고 매우 예민한 특징을 갖게 된다. 이런 아이는 삶의 과제 앞에서 도전하기보다는 회피하며, 항상 불안과 공포에 사로잡혀 있다. 실패했을 때 생기는 좌절과 심리적 부담을 감당할 수 없기 때문이다. 그래서 이들은 변화를 두려워하며 변화를 회피하는 생활 방식을 취한다. 현재의 상태를 유지하는 것이 편하고 게으른 삶을 보장해 주기 때문이다. 생활양식은 바뀔 수 있지만 웬만한 노력과 용기 없이는 그렇게 되지 않는다. 자신을, 정확하게 말해서 자신의 잘못된 생활양식을 바꾸려 하지 않는 사람은「홀레 할머니」에 나오는 언니의 모습처럼 평생 지워지지 않는 시커먼 기름을 뒤집어쓰고 사는 것과 다를 바 없다.

우리는 태어나서 죽을 때까지 여러 단계 삶의 과정을 체험한다. 새로운 단계가 시작할 때마다 우리는 이전에 알지 못한 경이로운 세계를 마주한다. 그때마다 우리는 불안감과 기대감을 동시에 가지며, 어쩌면 그 상황을 동화에서처럼 구체적인 언어 대신 비유나 상징으로 표현할지 모른다. 동화 속의 주인공들도 대부분 인생의 과도기에 있다. 이들은 일상의 세계를 벗어나 마법과 같은 미지의 세계로 떠나며 거기에서 새로운 경험과 가치를 획득한다. 이 과정에서 주인공의 불안과 공포는 마녀와 괴물로 의인화되어 나타나고 요정과 동물은 조력자 역할을 한다. 그리고 주인공이 해결해야 할 인생의 과제들은 여러 가지 상징적인 형상으로 표현된다.「홀레 할머니」이야기를 통해 알 수 있듯이 상징과 비유로 가득한 동화의 세계는 현실과 다른 세계를 제시하지만 실제로 그것은 우리 삶의 참된 모습을 반영한다. 거꾸로 우리의 삶도 사실이 아닌 동화처럼 이야기될 때 어쩌면 현실에서 말할 수 없는 참모습을 드러낼지 모른다.

쉽게 읽는 도스토옙스키의 『죄와 벌』

_이은경(인문역량강화사업단 글로벌지역학모델 전임연구원)

들어가며

학창 시절 문학도가 아니어도 누구나 한 번쯤은 도스토옙스키의 소설을 읽어 본 적이 있을 것이다. 세계적 명성의 작가와 그의 소설이 가진 깊이 그리고 특유의 철학적 사유로 인해서 도스토옙스키는 시대를 불문하고 한국인들이 좋아하는 작가와 필독 도서 순위의 상위권을 차지한다. 그러나 정작 도스토옙스키의 소설을 처음부터 끝까지 읽는 데 성공한 사람은 그리 많지 않다. 전공자들이거나 문학에 관심을 가진 사람들이 아닌 이상 역설적이긴 하나 그의 소설이 잘 읽혀지지 않는다는 인식이 보편적이기 때문이다. 실제로 이러한 견해에 공감하지 않을 사람은 거의 없을 것이다. 누구나 도스토옙스키와의 첫 만남이 수월하지만은 않았을 테니까.

본 글은 러시아의 대문호 도스토옙스키의 작품을 읽는 데 있어 도움이 될 수 있는 몇 가지 정보를 제안하고자 한다. 한편으로는 『죄와 벌』이라는 작품의 내용보다는 작품이 탄생될 수 있었던 시대적·공간적·사회적 배경에 관한 이야기를 다뤄 보고자 한다. 작품 자체를 살펴보기에 앞서 이러한 이야기가 중요한 것은 도스토옙스키의 작품이 담고 있는 현실성, 리얼리즘을 이해하기 위해서다.

러시아 문학의 황금기였던 19세기는 사실주의 문학이 지배적이었다. 러시아 작가들은 있는 그대로의 현실을 묘사하기 위해 많은 노력을 기울였다. 도스토옙스키는 인간 본성에 대한 탐구와 시대 상황의 본질을 작품에 담아냄으로써 러시아 사실주의의 정점을 찍은 작가였다. 문학은 과거 어느 시대의 현실을 드러내는 역사적 문헌이 될 수 있다. 그러므로 도스토옙스키 문학을 읽기에 앞서, 작품의 배경인 시대와 당시의 사회문제를 먼저 살펴본다면 작품을 전반적으로 이해하는 데 많은 도움이 될 것이다.

19세기 러시아 사회의 문제점

우선 도스토옙스키가 살았던 시대에 대해 살펴보도록 하자. 도스토옙스키는 1821년에 모스크바에서 태어나 1881년 페테르부르크에서 죽음을 맞이했다. 도스토옙스키가 활동하던 19세기 후반은 농노제의 구질서가 무너지고 자본주의가 들어서던 과도기였다. 러시아는 유럽에 비해 사회적으로 발전이 상당히 뒤처져 있었고, 오랫동안 사회를 정체시켜 온 농노제가 그 폐단의 원인이었다. 농노제는 일반적으로 봉건제하에 이뤄지는 통치 제도다. 농노는 영주가 운영하는 토지에 예속된 평민으로, 이들은 영주에게 각종 부역과 공납, 의무 행위 등을 해야 했다.

문제는 러시아가 유럽에서 가장 늦게까지 농노제가 지속된 나라였다는 것이다. 서유럽에서 시작된 자유주의의 영향을 전혀 받지 못한 러시아의 농노들은 지주들의 가혹한 착취에 시달리고 있었다. 러시아 지식층들은 현실에 대한 문제의식을 느끼고 데카브리스트 반란과 브나로드운동을 전개하는 등 다각도의 노력을 기울였지만 번번이 실패했다. 이들의 노력에도 불구하고 전제정치는 더욱 강화되었으며 자유주의가 탄압되는 결과만 초래할 뿐이었다. 사회 전반에 걸쳐 조직적인 혁명운동이 일어나는 등 농노제에 대한 거센 반발이 계속되었지만, 변화의 조짐은 전혀 보이지 않았다.

그러던 중 민중의 봉기에 떠밀린 차르 정권은 어쩔 수 없이 1861년 농노해방령을 내렸다. 지배층 스스로 문제의식을 느낀 것도 아니었고, 농노해방에 대한 대책이 제도적으로 마련되지 않은 터라 갑작스럽게 내려진 해방령은 현실과 전혀 맞지 않았다. 농노들은 자신들이 경작하던 토지를 무상으로 배분받지 못하고 값을 치러야 했다. 돈을 갖고 있지 못한 농민들을 대신해서 정부와 농촌공동체 '미르'가 토지값을 각각 80대 20으로 대납해 주는 대신, 정부에는 49년 안에, 농촌공동체에는 20년 안에 빌린 돈을 상환해야 하는 조건이었다. 시세보다도 높이 책정된 토지값에, 자신들이 경작하던 땅보다 훨씬 더 적은 지분만을 받은 농민들은 사실상 지주의 돈이나 다름없는 농촌공동체의 돈을 빌리는 20년 동안은 '임시 의무 농민' 상태를 유지해야 했다. 말로만 해방이지, 실제로는 '법적 노예'에서 '경제적 노예'로 처지가 바뀌자 사회 곳곳에서 비판과 원성이 터져 나왔다.

1860년대에 발표된 도스토옙스키의 장편소설들은 이와 같은 러시아 사회의 어두운 면들을 그대로 반영하고 있다. 대혼란의 시대, 사회 깊숙이 깃든 불신, 자유와 억압이라는 양면의 사회구조가 도스토옙스키 작품의 배경이 되는 것이다. 도스토옙스키는 동시대의 현실을 생생하게 그려 내면서 자신의 시대가 가진 문제들을 낱낱이 파헤치고 있다.

명암이 공존하는 도시, 페테르부르크

시대를 어느 정도 이해했다면 작품의 또 다른 배경인 공간을 살펴볼 필요가 있다.

도스토옙스키는 모스크바에서 태어났지만, 16세에 페테르부르크에 있는 공병학교에 입학한 이후 생애 대부분을 페테르부르크에서 보냈다. 시베리아 유형 시기 옴스크에 머물렀던 몇 년을 제외하고 페테르부르크는 이후 작가의 인생에서 중요한 공간이 되었다. 페테르부르크는 오늘날 러시아 제2의 도시로, 유네스코 문화유산으로 등재되었을 만큼 제정러시아 시대의 화려한 명성을 담은 아름다움과 위용으로 관광객들의 눈길을 끌고 있다. 페테르부르크의 역사와 도시 경관 그리고 도스토옙스키가 살던 당시의 여러 상황을 살펴보면 도스토옙스키의 작품에서 이 도시가 갖는 깊은 의미를 이해할 수 있을 것이다.

도스토옙스키를 비롯하여 페테르부르크를 배경으로 하는 러시아 작품들 중에는 '페테르부르크 테마'라고 불리는 특별한 문학적 형상이 있다. 이러한 작품들에서 페테르부르크는 단순히 작품의 배경이라기보다는 작품 속에서 하나의 주인공으로 기능하고 있다. 이 점을 알고 『죄와 벌』을 읽는다면 당시 사회뿐 아니라 도시를 배회하면서 갈등하는 주인공들의 모습에 쉽게 공감할 수 있을 것이다.

페테르부르크는 표트르대제(1672~1725)에 의해 1703년 늪지대에 건설되었으며 제정러시아 시대 206년간 수도로서 기능했다. 표트르대제는 러시아의 근대화를 추구한 군주로, 러시아는 그가 추진한 개혁으로 인해 일대의 변혁을 맞이한다. 그러므로 러시아의 역사는 표트르대제 이전과 이후, 즉 그의 등장을 기준으로 해서 근대 이전과 이후로 나뉜다.

표트르대제는 서유럽보다 발전이 늦은 러시아를 근대화하고자 서유럽화를 꾀했다. 표트르대제는 정치, 행정, 교육, 군제 등의 개편은 물론이려니와 의식주에 이르기까지 대대적인 개혁을 가했다. 문자 개혁을 단행하고 서구의 학문을 들여오는가 하면, 학술원을 세워 학문을 장려했다. 또한 젊은 이들은 유럽으로 유학 보내서 서유럽의 학문을 익히게 했고, 유럽인을 초빙하여 유럽의 문화와 기술의 도입에 힘썼다. 표트르대제의 야심찬 개혁은 하나씩 실행에 옮겨졌으며, 그 덕택에 13세기부터 200년 넘게 몽골의 지배를 받았음에도 러시아에서 더 이상 몽골의 잔재들은 찾아볼 수 없게 되었다.

러시아 역사에서 표트르대제가 세운 공적은 이루 셀 수 없이 많았고, 그의 개혁 의지와 이상은 페테르부르크 건설로 실현되면서 정점을 찍었다. 표트르대제는 말년에 페테르부르크의 건설에 몰두했다. 표트르대제는 스웨덴과의 북방전쟁으로 탈환한 발트 해안의 늪지대에 서유럽 어느 나라에도 뒤지지 않는 도시를 건설하기로 결심한다. 표트르대제가 지정한 곳은 해수면보다도 낮은 지대인지라 현실적으로 전혀 도시가 세워질 수 없는 곳이었고, 네바 강까지 자주 범람하여 홍수 피해까지 잦은 지역이었다. 그러나 표트르대제는 유럽으로 나갈 수 있는 발판을 마련하기 위해 새로운 수도가 들어설 최적의 장소로 이곳을 택했다. 외적들의 침입을 막을 수 있는 페트로파블롭스크 요새를 시작으로 유럽으로 향하고자 하는 표트르대제의 열망이 하나씩 실현되기 시작했다. 표트르대제는 도시를 건설하는 데 있어 목조 대신 석조와 철제를 사용했으며, 당시 모든 대리석은 페테르부르크로만 들여올 수 있도록 허락할 정도로 도시의 외관에 정성을 쏟았다. 1712년 도시가 완공되었고, 표트르대제는 이 도시의 이름을 상트페테르부르크로 명명하고 러시아의 새로운 수도로 공표한다.

상트페테르부르크라는 명칭은 표트르대제가 이 도시에 부여하는 의미를 그대로 담고 있다. 이 말을 그대로 번역하면, '성 베드로의 도시'이다. 정교(Orthodox) 국가인 러시아의 정체성을 그대로 드러내는 것으로 성경에 등장하는 사도 베드로의 이름을 딴 것이다. 그런데 여기에 기막힌 우연이 있다. 베드로는 러시아어로 표트르, 즉 표트르대제의 이름과 일치한다. 만일 이 도시의 이름에서 '성(saint)'을 없앤다면, '표트르의 도시'란 뜻이 되는 셈이다. 도시의 이름이 현대에 와서는 더 이상 사도 베드로가 아닌 표트르대제를 연상시킨다는 점에서 의도된 작명이 아니었을까 하는 의심이 들 정도다. 게다가 표트르대제는 러시아어로 도시를 뜻하는 '-그라드'라는 어미 대신 독일식 '-부르크'를 이 도시에 명명했다. 민간인 신분으로 위장해서 네덜란드와 독일 등에서 선진 문물을 배워 온 표트르대제가 이러한 작명에서도 러시아적 정체성보다는 서구화를 지향하고 있음을 드러내는 것이다.

화려한 도시가 만들어지기까지 그 이면에는 어두운 그림자가 드리워졌다. 도시를 만드는 과정에서 많은 노동자가 폐렴과 결핵 등 전염병으로 죽었다. 늪지대의 춥고 습한 환경은 추운 러시아의 날씨와 맞물려 건설 작업을 어렵게 했다. 매년 3만 명의 농노가 강제노동으로 끌려왔고, 추위와 강풍, 물과 진흙탕이 무릎까지 차오르는 작업환경 속에서 많은 사람이 죽어나갔다. 이로 인해 페테르부르크는 화려한 수도의 모습을 하고 있지만, 사람들 사이에는 흉흉한 소문이 돌면서 '뼈 위에 세운 도시'라는 불명예스런 별칭을 얻게 되었다. 심지어 이 도시를 공사하는 과정에서 사나워진 민심이 반란으로 표출되었고, 반란에 가담한 사람들 속에는 표트르대제의 외아들 알렉세이 황태자도 포함되어 있었다. 이들은 표트르대제가 러시아를 서유럽에 팔아넘긴다며 분노했고, 표트르대제는 가차 없이 이들을 처형했다. 심지어 알렉세이 황태자는 표트르대제의 암살을 시도했다는 죄목으로 고문과 심문 끝에 사망했다.

러시아를 서유럽과 대등하게 만들고자 했던 개혁 군주의 의지는 페테르부르크라는 화려한 도시 건설로 현실화되기 시작했다. 그러나 일반 서민의 삶은 정반대의 길로 들어서게 되었다. 당시 표트르대제의 개혁을 제대로 이해하는 사람은 거의 없었다. 시대를 앞서 나가는 군주의 생각을 이해할 자질도 시간도 턱없이 부족했다. 그 큰 뜻을 이해하지 못한 채 무조건 복종해야 하는 민초들의 삶은 피폐할 수밖에 없었다. 자연재해와 강제 노동, 의식주를 비롯한 삶 전반에서의 개혁에 이르기까지 서민들은 비참한 지경에 이르렀고, 이들이 살아온 모든 관습이 사라짐과 동시에 정신문화까지도 위협을 받기에 이르렀다. 그렇다 보니 표트르대제의 개혁은 단지 러시아의 외관만 바꿔 놓은 것이 아니었다. 민중의 삶에서 '러시아적'인 것들, 러시아의 정신문화가 송두리째 뜯겨 나갔다. 표트르대제의 개혁은 러시아 역사에서 첨예한 논쟁을 일으켰던 슬라브주의와 서구주의의 대립으로 이끌었다. 즉 유럽과는 다른 러시아 고유의 문화를 주장하는 사람들과 러시아를 서구화하여 발전의 길로 가야 한다고 주장하는 사람들로 사회가 양분되기 시작했다.

표트르대제의 개혁이 불러온 러시아의 일대 변혁 그리고 그것이 페테르부르크라는 형상을 통해 구현되면서 러시아에서 '페테르부르크'는 단순히 도시 그 자체만을 의미하지 않았다. 이 도시가 만들어지기까지의 모든 역사와 문화를 내포하고 정책과 사상이 집결된 상징성을 띠고 있었다. 화려한 건축과 선진적 문물에 대비되어 도시를 건설하다 죽어 간 노동자들의 시신이 나뒹구는 지하 그리고 그 위에서 비참하게 살아가는 도시 빈민의 모습이 러시아 작가들에게는 매력적인 소재로 여겨졌다. 작가들은 화려한 수도의 모습과 그 이면에 담긴 서민들의 어두운 삶이라는 양면성을 대비시키면서 당대의 현실을 신랄하게 그려 냈다. 그 대표적인 작가가 바로 도스토엡스키였고, 『죄와 벌』은 19세기 페테르부르크의 모습을 정확하고도 세밀하게 묘사한 작품이었다. 『죄와 벌』을 읽으면서 주인공이 배회하는 도시의 모습과 이 도시 속에서 주인공 라스콜니코프가 느끼는 고통에 주목한다면 보다 쉽게 작품 속으로 빠져들 수 있을 것이다.

『죄와 벌』과 줄거리

러시아 소설을 읽다 보면 주인공 이름을 익히느라 독서가 힘들었다는 이야기와 주인공 이름을 알 때쯤이면 그 긴긴 장편소설이 끝난다는 우스갯소리가 있다.

『죄와 벌』의 등장인물 중에서 우리가 반드시 알아야 하는 그리고 이야기를 이끌어 나가는 동력이 되는 다섯 사람을 꼽아 보았다. 이들의 관계를 먼저 눈으로 살펴보고 줄거리를 읽는다면 약간의 도움을 얻을 수 있을 것이다. 그리고 낯선 용어들 때문에 독서 과정에서 곤란을 겪을 수 있다. 아래의 등장인물 중에 포르피리의 직업인 예심판사도 그중 하나일 것이다. 예심판사란 형사재판에 들어가기에 앞서 조사를 담당하는 판사이다. 우리가 흔히 알고 있는 검사 제도는 프랑스혁명 이후에 생겨난 것으로, 쉽게 생각하면 오늘날 검사 정도로 생각하면 될 것이다. 법원과 분리되어 독립적으로 수사를 맡아 하던 '수사 판사'가 바로 '예심판사'다. 오늘날 검사 제도를 채택한 나라에서 검사의 수사 업무를 담당하는 사람에 해당한다.

또한 스비드리가일로프라는 인물은 라스콜니코프와 많은 면에서 유사한 인물로, 두냐가 가정교사로 일하던 집의 주인이다. 스비드리가일로프의 아내는 평소 행실이 나쁜 남편과 가정교사 두냐 간의 관계를 의심한다. 그녀는 결국 모욕을 가하며 두냐를 내쫓고, 생계가 어려워진 두냐는 늙은 졸부 루진과의 결혼을 앞둔다. 라스콜니코프의 어머니는 두냐가 가정교사를 하면서 모욕을 받은 사건과 루진과의 결혼에 대해 라스콜니코프에게 편지로 알린다. 이 편지 한 통이 사실상 모든 사건의 발단이 된다. 평소 여러 생각이 많았던 라스콜니코프가 자신의 생각을 행동으로 옮기게 되는 단초가 되기 때문이다.

한편 두냐한테 집착한 스비드리가일로프가 페테르부르크로 찾아오면서 라스콜니코프와의 대립이 흥미진진하게 펼쳐진다.

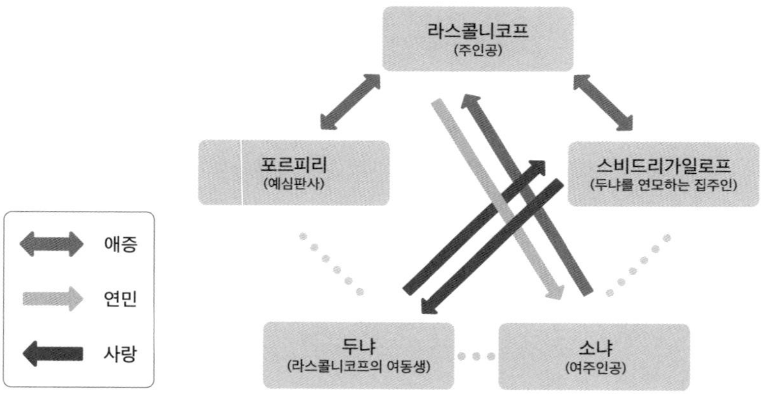

라스콜니코프는 법과대학을 중퇴한 가난한 청년으로 페테르부르크의 좁고 어두운 하숙방에 꼼짝 않고 누워 있다. 일종의 편집광증에 사로잡힌 그는 기아 상태에서 무기력하게 누워 있으면서도 어떤 계획 하나를 줄기차게 공상한다. 그는 백해무익한 사람들의 돈을 빼앗아 사회를 위해 정당하게 사용한다면 죄가 되지 않는다는 이론을 정립한다. 나폴레옹처럼 수많은 사람을 죽이고도 영웅시하는 현실에서 악의 상징인 전당포 노파를 살해

하고 죄책감을 느끼지 않으면 자신도 초인이 될 수 있다고 생각한다. 소심한 그는 살인 계획을 수없이 세워 보고 검토해 보지만, 이것은 어디까지나 공상에 그치고 만다. 그런데 아주 우연한 기회에 이 계획이 실현되고 라스콜니코프는 노파를 도끼로 해치운다. 완벽한 계획이 실현되는가 싶었지만, 노파의 여동생 리자베타가 그 시각에 집을 찾아옴으로써 사건은 예상치 못한 방향으로 흘러간다. 라스콜니코프는 살인 현장에 나타난 리자베타까지 우발적으로 살해하고, 훔친 돈도 유용하게 쓰지 못하게 되자 치밀했던 계획은 파국으로 치닫는다. 라스콜니코프의 의식은 대혼란을 일으키고, 양심의 가책과 함께 죄의식에 사로잡힌다.

라스콜니코프는 우연히 퇴직 관리 마르멜라도프와 술집에서 알게 되어 친분을 쌓는다. 마르멜라도프는 알코올중독자인 그는 자신의 술값을 위해 그리고 계모와 이복동생들을 부양하기 위해 전처소생의 딸 소냐가 창녀로 살고 있다는 사실을 토로한다. 라스콜니코프는 마르멜라도프에게 연민을 느끼며 좋은 관계를 유지한다. 그러던 어느 날 라스콜니코프는 마르멜라도프가 마차에 치여 사망했다는 소식을 접하고 그의 집을 찾아간다. 그곳에서 그는 소냐를 비롯한 유족들과 알게 되고 장례를 치르는 과정에서 적극적으로 도와준다.

한편 라스콜니코프의 수상쩍은 행동은 곧 경찰 당국의 주목을 받아 혐의가 씌워진다. 그러나 증거는 아무것도 없었다. 라스콜니코프는 이 혐의에서 벗어나기 위해 예심판사 포르피리의 추궁을 논리 정연하게 피하면서 경찰 관계자들과 필사적인 싸움을 계속한다. 후반부의 이야기는 라스콜니코프와 포르피리 간의 긴장된 관계 그리고 이들의 심리전을 중심으로 전개된다. 포르피리는 라스콜니코프가 2년 전 학술지에 쓴 「범죄론」이란 논문을 찾아내고, 그가 평소 '초인 사상'에 심취해 있었고 범죄에 대한 견해가 남달

랐음을 주목하며 이 논문에 대한 토론으로 그와 설전을 벌인다. 사건에 대한 심증은 있지만 물증은 없는 상태에서 라스콜니코프를 범죄자로 직접 지목하는 대신, 이런 범죄를 정당하게 생각한 논문의 견해를 토대로 라스콜니코프의 심리를 묘하게 추궁해 나간다. 그 과정에서 이들 간의 팽팽한 대립과 자기 정당성 주장이 소설을 철학적이고 논리적으로 만든다.

라스콜니코프는 소냐와 만나면서 차츰 심경의 변화를 일으킨다. 당당하고 자기 확신에 가득 차 있던 라스콜니코프는 범죄 이후 의도와는 전혀 다른 마음이 되어 가는 것을 느낀다. 그는 고결하고 아름다운 마음씨를 지닌 소냐를 대하면서 자신과는 전혀 다른 가치관을 갖고 있음에 놀라워한다. 천한 신분의 소냐는 배운 것이 없지만, 고통과 자기희생으로 살아가면서 타인을 존중한다. 심지어 창녀로 살아가면서도 자신의 처지를 비관하거나 가난 때문에 자신을 그런 추악한 현실로 내몰았다고 가족을 원망하지도 않는다. 그녀는 모든 희생을 감내할 뿐이고, 착한 행실과 마음씨를 지녔음에도 불구하고 자신은 하나님 앞에 늘 죄인이라고 말한다. 소냐는 전당포 노파를 살인한 사람이 라스콜니코프라는 것을 직감하고 신에게 회개하라고 설득한다. 소냐는 논리는 결여되어 있지만 진정성 있는 언행으로 라스콜니코프에게 영향력을 미친다. 라스콜니코프는 소냐의 위대한 희생을 보고 차츰 심경의 변화를 일으킨다. 무신론자이며 니힐리스트인 살인자와 광신도인 창녀와의 정신적 교섭이 사건을 새로운 방향으로 전개시킨다.

소냐는 라스콜니코프의 자백을 듣고 나서, "이 세상은 넓지만 지금의 당신처럼 불행한 사람은 없어요, 지금 당장 십자로에 나가서 당신이 더럽힌 대지에 입 맞추세요. 그리고 큰소리로 세상 사람 모두에게 들리도록 '나는 살인자입니다'라고 외치세요. 그러면 하나님께서는 당신을 구원하실 거예요"라고 말한다. 라스콜니코프는 소냐의 말대로 대지에 입 맞추고 경찰서로 찾아가 자신의 범행을 자백한다. 그러나 그는 자신의 죄를 인정한 것이 아니라 자신의 겁쟁이 같은 성질과 어리석음에 패했을 뿐이라고 생각한다. 라스콜니코프는 8년간의 시베리아 유형 판결을 받고, 소냐는 하나님의 사랑으로 그를 갱생시키기 위해 함께 유형지로 떠난다. 유형 생활을 하던 중 라스콜니코프는 비로소 자신의 죄를 뉘우친다. 소냐가 늘 말하듯, 자신이 인간이 아닌 신에게 죄를 지은 것임을 비로소 깨닫는다. '초인 사상'에 젖어 있던 라스콜니코프는 자신의 범죄가 인간의 규범을 짓밟은 것이 아닌 사회 정의를 위한 실현이라 생각했다. 그러나 살인 이후 평소의 신념과 달리 두려움을 느끼자, 자신의 범죄를 실토할 수밖에 없었다. 신의 존재를 전혀 인정하지 않던 라스콜니코프였기에 지상의 규범을 짓밟았다는 사실 이외엔 죄의식을 느끼지 못했다. 그러나 그는 자신이 신의 영역을 침범하고 경계를 넘어서려 했다는 것을 드디어 깨닫기에 이른다. 라스콜니코프는 소냐의 기독교적 사랑에 감복되며, 자신이 지녀 왔던 서구적 합리주의의 허구성을 깨닫는다. 이 무렵 라스콜니코프는 매일 성경을 읽고, 특히 자수하기 전 소냐가 들려준 '나사로의 부활' 이야기를 즐겨 읽는다.

무엇이 '죄'이고 '벌'인가?

『죄와 벌』은 아주 단순하고 명료한 제목이라 특징적으로 보이지 않지만 사실 이 제목은 소설 전체를 관통하는 주제를 내포하고 있다. 도스토옙스키가 이 소설을 처음 구상할 때만 하더라도 이러한 제목이 아니었다. 소설을 써 내려가는 과정에서 도스토옙스키의 의도가 조금씩 변하기 시작했고, 그 과정에서 소설은 보다 철학적인 문제를 다루면서 최종적으로 『죄와 벌』

이라는 제목을 얻게 되었다.

채권자, 재산 차압 등으로 고통받던 도스토옙스키가 단돈 175루블만을 쥐고 해외로 도주하던 시절에 이미 『죄와 벌』의 구상을 마음속으로 마친 상태였다. 1865년 6월 8일, 그는 돈을 부탁하는 편지를 크라옙스키에게 보내면서 자신의 새로운 작품을 제안했다. 그는 소설의 제목을 『술주정뱅이들』이라고 말하면서 한창 떠들썩한 음주 문제를 다루겠다고 적어 보냈다. 그 문제 하나에 대한 분석뿐 아니라 그것에서 파생되는 곁가지들, 특히 이런 상황에서의 가정생활, 아이들 양육 문제 등도 보여 줄 것이라고 하면서 소설의 내용을 그려 간다.

도스토옙스키가 살던 당시 러시아 사회의 가장 큰 문제는 음주였다. 음주와 주정은 곧 매춘과 연결되는 것이었고, 도스토옙스키는 매춘의 주된 원인을 배고픔과 가난으로 보았다. 원래 단편으로 구상되었던 『죄와 벌』의 주제는 본래 구상했던 『술주정뱅이들』과는 다른 내용이었다. 마르멜라도프의 이야기가 라스콜니코프의 이야기 속에 도입되면서 '이론으로 무장한 살인자'를 그리겠다는 의도는 두 개의 구상으로 나뉜다. 하나는 죄와 그 원인들이었고, 다른 하나는 범죄가 범죄자의 영혼에 미치는 영향이다. 작가는 1부를 2부에 대한 서문으로 간주하면서 이야기를 범죄의 심리학적 해석으로 몰아간다. 소설은 범죄 자체와 범죄자가 그것으로부터 벗어나려는 투쟁에 할애하고 있다.

도스토옙스키는 사회문제에 심취해 있던 중에 신문지상에서 두 가지 기사를 접한다. 한 학생이 모스크바 대학교의 학생들과 충돌해 대학에서 쫓겨난 뒤 우체국에 침입해서 우체국장을 살해한 사건과 한 신학생이 광에서 한 소녀와 합의하에 그녀를 살해하고, 한 시간 뒤인 점심시간에 경찰에 체포된 사건이었다. 도스토옙스키는 이 기사를 접하면서 지적으로 성숙한 젊은이가 살인자가 될 수 있다는 것과 그런 범죄자가 속죄하기 위해 고통을 받아들인다는 사실, 또 그 스스로 처벌에 대한 도덕적 욕구가 있다는 것을 설명해 보이고 싶어 했다. 도스토옙스키는 결국 이러한 주제가 특별한 것이 아닌 동시대의 삶에서 어느 정도 정당화될 수 있는 것이라는 것을 신문지상의 사건들을 접하면서 확신하게 된다.

'나는 도대체 누구인가? 난 무엇을 할 수 있는가? 나에게는 어떤 권리가 있는가? 나는 강한가?' 등은 도스토옙스키의 소설에서 중심 화두다. 인간 속에 내재한 신의 형상, 인격의 불멸, 자유, 죄, 인격의 수수께끼를 풀어 가는 인간이 도스토옙스키 소설의 중심에 위치하고 있다. 주인공들의 자기 인식 과정이 심리학적으로 그려지고 있지만, 이러한 묘사를 통해 본질적인 이야기, 즉 존재론에 대한 이야기를 꺼낸다. 주인공은 강한 인격의 소유자로, 신으로부터 자유로워지려고 한다. 자유라는 측면에서 주인공은 신과 유사성을 갖고 있다. 그러나 자유가 악도 탄생시킨다. 인간의 마음속에서 신이 악마와 싸우고 있는 것이다. 자기 인식은 이런 싸움을 수용하고 인생에서 선과 악의 문제를 해결하는 데 있다.

도스토옙스키는 신으로부터 자유로워지려는 주인공이 일시적으로는 성공한 것처럼 보이고 무한한 자유를 가진 것 같지만, 이런 무한함 속에 파멸이 기다리고 있음을 보여 준다. 신으로부터의 자유는 순수한 악마주의이며, 그리스도에 대한 부정이자 운명에 대한 예속으로 드러난다. 도스토옙스키는 주인공을 내세워 무신론적 자유의 과정을 좇은 다음, 그리스도 안에서의 자유 외에 다른 자유는 없다는 것을 증명해 보인다. 그리스도를 믿지 않는 사람은 운명의 힘 앞에 무릎 꿇어야 한다고 인도하는 것이다.

원래 라스콜니코프의 고백 형식으로 구상되었던 『죄와 벌』은 도스토옙스키가 유형 생활을 하면서 겪은 정신적 체험에서 비롯되었다. 이론으로 무장한 살인자의 비극적 형상은 슬픔과 자아 분열의 힘든 순간에서 탄생된 것이다. 그러나 고백식 글이 심리적, 지적 내용을 담기에는 한계가 있자 도스토옙스키는 새로운 서술 형식에 대해 오랫동안 고민한 것으로 알려져 있다. 그렇게 해서『죄와 벌』은 독자들이 주인공을 관찰하는 방식으로 전개되는 3인칭 관찰자 시점 소설이 되었다.

라스콜니코프의 이론은 타자를 위한 살인, 즉 완전한 이타주의라는 명목하에 권력과 돈을 갈망하는 행위 속에 내재된 정교한 역설로 독자들을 사로잡는다. 인류애를 기본으로 하는 라스콜니코프의 범죄는 가해라기보다는 희생적 측면이 강해서 용서받을 수 있는 여지가 있다. 그의 살인 행위는 사랑에서 출발한 사회정의적 차원이었을 뿐 아니라 타인을 살해하지만 자신도 피를 흘릴 각오가 되어 있다는 점에서 일반적인 살인 사건과는 구별된다. 그런 만큼 그의 죄는 사면받아 마땅한 측면이 있다. 소설이 이야기하는 것은 죄와 벌이 아닌 죄와 사면이 되어야 한다.

그럼에도 불구하고 '죄와 벌'이라는 제목을 채택한 건 특별한 의도가 있다. 완벽한 사상의 실현인 살인을 저지르고 난 후 라스콜니코프는 생각지 못한 문제에 봉착한다. 라스콜니코프는 인간적 규범 내에서만 '죄'의 문제를 생각하고 있었는데, 살인 이후 양심의 가책을 느끼는 전혀 다른 죄의식이 발생한다. 범죄를 저지르면 그에 대한 처벌이 뒤따르게 마련이다. 라스콜니코프는 자기 이론의 정당성을 믿고 당연히 이것을 죄라고 생각하지 않았다. 그러나 소설은 그가 죄를 저질렀으며, 그 죄를 어떻게 정의할 것인가부터 생각해 보게 만든다. 이 죄는 결국 보이는 범죄보다 '모든 것이 허용된다'라는 가설하에 라스콜니코프가 자유의지로 신의 영역, 즉 신의 경계를 넘어섰다는 데에서부터 시작된다. '벌' 역시 인간의 규범을 짓밟은 것에 대한 처벌이 아닌 옳고 그름의 기준을 스스로에게서 찾았던 라스콜니코프의 '죄'가 주는 대가이다. 옳은 일이었다고 아무리 자기합리화를 시켜도 죄의식과 불안감이 엄습해 오기 때문이다. 라스콜니코프는 자신이 벌인 일로 인해 내내 괴로워하고 압박을 받으며 편집증적 증세까지 보인다. 영혼이 괴로운 것이야말로 그에게 진정한 벌이 되는 것이다. 자기 기준으로 옳고 그름을 판별하지만 그럴수록 평안하지 않고, 오히려 이런 불안함에 끝까지 굴복하지 않으려고 애쓰게 만든다. 자행한 일을 감당하지 못하는 자신이 저주스러울 뿐이다. 자수를 하는 순간에도 라스콜니코프는 자신의 죄를 인정했다기보다는 겁쟁이 같은 자신을 원망한다.

라스콜니코프가 '벌'로부터 벗어나 진정한 평안을 얻는 것은 자신의 죄를 인정하는 순간부터다. 그는 신앙심이 깊은 소냐를 보면서 자신의 기준이 아닌 절대적 기준을 인정할 때 비로소 행복하다는 것을 깨닫는다. 오만한 인간이 자기가 옳다고 주장하는 것이야말로 죄이고 절대적 존재, 즉 신을 인정하고 내가 꺾여져 그에게 순종할 때만이 행복할 수 있다는 것이 도스토옙스키식의 결론이다. 그렇기 때문에 라스콜니코프의 참회와 갱생은 자수한 순간이 아닌 시베리아 유형지에서 이뤄진다. 철옹성 같았던 라스콜니코프가 새롭게 태어나는 이야기가 바로 『죄와 벌』인 것이다.

신을 믿지만 방황하는 라스콜니코프에게 있어 구원은 필연적이다. 라스콜니코프의 범죄는 그의 도덕적 진화를 불러일으킨다. 소설의 마지막에 이르면 이런 범죄가 없었다면 그가 생각해 보지 못했을 문제에 대한 고민도 그리고 소망, 감정, 욕구, 의지, 발전 같은 것도 깨닫지 못했을 것이라고 설명한다. 결국 범죄는 라스콜니코프의 도덕적, 정신적 갱생으로 이끈다.

무엇이 범죄로 이끌었는가?

앞서 이야기했듯이 라스콜니코프의 범죄에 있어 가장 중요한 동기는 '초인 사상'이다. 백해무익한 인간을 해치우는 합법적 범죄를 통해 자신도 나폴레옹처럼 이 세상의 규범을 뛰어넘는 영웅이 되는지를 실험해 보고 싶었던 것이다. 하지만 소설 초반에 이런 생각을 끊임없이 하면서도 막상 실행하지 못하는 라스콜니코프의 머뭇거림을 발견할 수 있다. 그러던 중 하나의 계기가 발생한다. 어느 날 어머니로부터 여동생 두냐가 결혼한다는 편지 한 통이 도착한다. 라스콜니코프는 지참금을 마련해야 한다는 중압감에 짓눌린다. 가난과 돈에 대한 갈급함은 라스콜니코프를 범죄로 몰아가는 또 하나의 원인이다. 도스토옙스키 시대는 러시아에 자본주의가 들어와 무르익던 시대였다. 사회를 움직이는 여러 에너지 중에 돈이 상당히 큰 힘을 발휘하던 시기였으며, 특히 도시에서 이런 현상은 더욱 두드러졌다. 도스토옙스키 자신도 도박에 빠져 있을 만큼 돈이 최고가 되던 시절이었다. 『죄와 벌』은 가장 현실적이고 현대적으로 라스콜니코프의 범죄를 이야기한다.

흥미로운 것은 이 모든 계획이 치밀하긴 하지만 우발적으로 실행된다는 것이다. 그 과정에서 가장 중요한 역할을 하는 것이 페테르부르크이다. 라스콜니코프의 이야기는 페테르부르크를 배경으로 펼쳐진다. 환상적 도시가 환상적 주인공을 낳는 것으로, 도스토옙스키의 세계에서 장소와 환경은 등장인물들과 신비로운 조화를 이룬다. 라스콜니코프는 나폴레옹에 대해 꿈꾸고 권력을 갈망하며 노파를 살해한다. 그의 폭동으로 러시아 역사에서 페테르부르크 시대가 정점에 이른다.

라스콜니코프가 살고 배회하던 장소는 현재도 페테르부르크에 존재한다. 그가 지나다니던 센나야 광장은 당시 가난한 빈민촌이었다. 화려한 페테르부르크를 등지고 뒷골목에 사는 가난한 사람들이 어떤 생각을 품고 살았을지 상상을 해 보면 라스콜니코프에게 어느 정도 공감할 수 있을 것이다. 소설은 페테르부르크의 대비된 모습을 다음과 같이 설명하고 있다.

> 하늘처럼 푸른 빛깔의 물 위로 이삭 성당의 황금빛 둥근 지붕이 비춰진 모습, '장엄한 전경'과 '황홀한 장면'의 반대편으로 좁은 거리와 음침한 골목길, 빈민굴, 혐오스럽고 추한 광경들.

소설 속 페테르부르크는 마치 극적인 사건을 보여 주는 연극 무대처럼 설정되어 있으며, 페테르부르크의 영혼은 라스콜니코프의 영혼 그 자체를 대변한다. 7월 어느 청명한 여름날, 라스콜니코프는 니콜라엡스키 다리 위에 서서 '실로 장엄한 전경'을 물끄러미 바라본다. 라스콜니코프의 영혼에서 동일한 장엄미와 한기가 느껴진다. 소설은 라스콜니코프, 페테르부르크, 러시아에 대한 미스터리를 해명한다. 페테르부르크는 자신이 배태한 인간의 의식만큼이나 모호하다.

라스콜니코프의 역겹고 비열한 범죄에는 빈민굴, 지하실, 선술집, 수도의 온갖 소굴이 공범자로 등장한다. 이 거대한 도시에서 뿜어져 나오는 독약과 같은 수증기와 오염되고 뜨거운 숨결이 피폐해진 라스콜니코프의 두뇌 속으로 파고들어 살인에 대한 생각을 낳게 한다. 취기, 빈곤, 악, 증오, 극악무도함, 방탕함……. 이런 페테르부르크의 음울한 심연은 라스콜니코프를 미래의 희생자가 될 노파의 집으로 향하게 한다. 범죄 장소, 즉 전당포 주인이 사는 구역과 가옥은 역겨움을 불러일으키고, 그 결과 그는 '실험'을 하러 간다.

병적인 페테르부르크, 어두운 길거리, 시커먼 뒷골목, 운하와 수로들,

교량들, 빈곤으로 찌든 여러 층짜리 아파트, 살롱들, 지하의 선술집, 경찰서, 제방과 섬들로 채워진『죄와 벌』의 풍경은 자연의 아름다움과는 거리가 멀다. 소설에는 페테르부르크의 대기가 퍼져 있고, 그 빛에 의해 비춰진다. 도시의 영혼은 라스콜니코프라는 인간으로 육화되고 거리의 손풍금에서 흘러나오는 구슬픈 선율처럼 그의 내면에서 울려 퍼진다.

> 끔찍한 열기가 거리 위로 내려앉았다. 거기에는 북적댐, 부산을 떠는 사람들, 도처에 널려 있는 회반죽, 목재, 벽돌, 먼지, 여름 특유의 악취 등이 있었다. 특히 도시의 그 지역에 밀집해 있는 무수한 선술집에서 뿜어져 나오는 참을 수 없는 악취, 한 발짝 뗄 때마다 마주치게 되는 술주정뱅이들은 전체 풍경의 구역질나고 비참한 분위기를 더욱더 완벽하게 한다. 표현하기 힘든 이 같은 역겨움이 일순간 준수한 용모의 젊은이를 둘러싼다. [중략] 건물 전체가 소형 아파트로 이뤄져 있으며, 온갖 종류의 상인들이 살고 있었다. 재봉사, 자물쇠공, 요리사, 온갖 직업에 종사하는 독일인, 화장술과 옷맵시로 생계를 유지하는 창녀, 하급 관리들. 수많은 사람이 이 아파트 건물 입구의 두 쪽짜리 문으로 드나든다.

소설의 전반부는 페테르부르크의 이와 같은 묘사에 많은 부분을 할애한다. 페테르부르크는 하나의 주인공처럼 소설에서 중요한 역할을 하며 라스콜니코프에게 결정적인 영향을 미친다. 페테르부르크가 라스콜니코프에게 일종의 살인 교사를 하고 있다고 해도 과언이 아니다. 오래전에 죽은 환영들로 이뤄진 이 도시의 내면은 추악함 그 자체이고, 라스콜니코프가 사는 공간은 도시 빈민의 처절한 삶을 여실히 드러낸다.

> 길이가 여섯 걸음 정도 될까 말까 한 아주 조그만 다락방은 누르스름하고 더러운 벽지가 벗겨지는 비참한 행색을 하고 있었고, 천장은 보통 키의 사람도, 머리를 부딪칠 것 같다는 생각이 들 정도로 낮았다. 휴학 중인 대학생은 사라사 천으로 덮은 볼썽사나운 대형 소파 위에서 옷도 벗지 않은 채 홑이불 한 장 없이, 그저 낡아빠진 학생용 외투를 덮고 잠을 잔다.

라스콜니코프는 자신의 다락방 안에 갇혀서 생각에 잠긴다. 외부 세계와 절연된 그에겐 사람도 현실도 필요 없는 것이다. 자의식이 강한 그는 옷도 음식도 필요로 하지 않고, 그의 머릿속에선 그저 범죄에 대한 야만적인 관념만 탄생될 뿐이다. 이처럼 페테르부르크의 어두운 내면이 라스콜니코프에게 거친 생각을 하게 만들고, 살인 당일에는 충동적이게까지 만든다. 페테르부르크는 라스콜니코프로 하여금 정신분열을 일으킬 수밖에 없도록 만드는 주범이다.

이삭 성당ⓒwikipedia

도스토옙스키 시대 센나야 광장의 모습ⓒwikipedia

겸손과 교만의 데칼코마니

도스토옙스키의 글쓰기에서 자주 드러나는 특징 중 하나는 인물 간의 대조와 대비다. 『죄와 벌』 역시 도스토옙스키의 이러한 특징을 아주 잘 드러내고 있다. 겸손과 교만으로 대비되는 인물군을 다음과 같이 나눠 볼 수 있다.

비록 알코올중독자로 살아가지만 자신을 위해 고생하는 딸 소냐에 대한 미안함에 늘 자책하며 살아가는 마르멜라도프와 고리대금업자인 악독한 언니 밑에서 고생을 마다하지 않으며 허드렛일을 하는 지능이 떨어지는 리자베타, 이 두 사람은 보편적으로 볼 때 매력적이거나 긍정적이지는 않다. 그러나 도스토옙스키는 이들이 가진 자기 비하와 겸손의 모습에서 러시아가 추구하는 참된 자질을 찾고자 했다. 마르멜라도프는 자신이 죄인이라는 것을 늘 인정하고 살아가고, 리자베타는 자신의 삶에 순응한다.

소냐는 소설이 진행될수록 사상과 설교가 아닌 행동과 모범을 통해 라스콜니코프와 싸우는 인물이다. 항상 진지하고 조용하며 빈정댐 없이 겸손의 모습을 갖고 있다. 가족을 위해 희생을 마다하지 않고, 한 번도 불평과 원망을 하지 않은 채 더 많이 섬기지 못함을 미안해 하는 소냐는 겸손의 끝을 보여 준다. 그녀는 밝은 희망의 빛을 발하고 있고, 그 희망은 정교 신앙에서 비롯된다. 항상 성경을 인용해서 말을 하는 그녀의 습관은 구원이 그녀에게서 나올 수 있음을 간접적으로 언급한다. 범죄의 본질이 사랑의 결핍에서 오는 것인 만큼 소냐의 사랑은 바로 이런 죄에 묶여 있는 라스콜니코프를 살리고 그의 무신성을 이기는 결정적 요인이다. 이는 기독교적 사랑에 의해서만 인간의 구원이 가능하다는 결론에 이른다.

소냐와 라스콜니코프가 생각하는 죄의 개념도 완전히 다르다. 라스콜니코프가 생각하는 죄는 인간의 규범을 짓밟은 것이지만, 소냐는 신의 진리를 모독했다는 자각 때문에 한없는 자기 비하에 빠진다. 반면 라스콜니코프와 스비드리가일로프는 이들과 대조되는 교만의 끝에 서 있다. 라스콜니코프는 반역, 폭력, 혁명을 상징하는 오만함을 대표한다. "나는 내 의지대로 살고 싶다"고 외치는 라스콜니코프와 '모든 것이 신의 뜻에 달려 있다'라고 하는 소냐는 완전히 대조된다. 도스토옙스키는 소냐의 온순함과 신앙심이 라스콜니코프를 이기도록 설정해 놓았으며 '성스러운 창녀' 소냐를 통해 '고뇌를 통한 정화'라는 사상을 설파한다. 스비드리가일로프는 두냐를 연모하여 아내를 살해했다는 소문을 비롯해 온갖 추문이 따라다니지만 세간의 사건에 무관심하고 오만하다. 아무것에도 관심 없던 그는 사랑이라는 감정을 느끼면서 무미건조한 자신의 삶에 변화를 일으키고 싶어 한다. 두냐에 대한 사랑만이 그의 삶에서 유일한 희망이지만, 두냐의 사랑을 얻을 수 없다고 판단되자 결국 자살하고 만다.

라스콜니코프와 스비드리가일로프는 오만이라는 측면에서 유사하지만, 사랑을 얻느냐 얻지 못하느냐로 운명이 갈리게 된다. 라스콜니코프는 스비드리가일로프가 될 수 있는 운명이었지만 소냐에 의해 살게 된 것이다. 스비드리가일로프는 비뚤어진 라스콜니코프를 형상화한 인물이다. 스비드리가일로프는 두냐의 사랑을 잃게 되자 자유의지의 마지막 발현으로서 자살을 택한다. 그의 인생에서 사랑이 없다는 것은 구원의 기회가 없음을 의미한다. 그에 비해 소냐의 사랑으로 구원의 길이 열린 라스콜니코프에게는 힘든 시베리아 유형 생활을 이겨 낼 수 있을 것이라는 희망이 암시된다. 라스콜니코프와 스비드리가일로프는 오만함과 강한 자유의지를 지녔다는 점에서는 닮았지만, 소설의 결말에 가서는 완전한 대조를 보인다.

도스토옙스키는 주인공들을 동등한 존재로 설정해 놓았는데, 소냐와 라스콜니코프만 보더라도 그러한 관계를 알 수 있다. 소냐는 말수가 거의 없는 데 반해 라스콜니코프는 말을 많이 하는 이론가다. 그러나 이 둘은 이론의 광신도라는 점과 종교의 광신도라는 점에서 동일한 면과 완전히 대조되는 면을 갖고 있다. 소설은 이렇게 양분화된 인물들을 통해 같음과 다름을 흥미롭게 제시한다.

러시아는 988년 정교(正教)를 수용한 국가이다. 소련에 익숙한 세대들에게는 러시아가 기독교 국가라는 것이 낯설게 느껴질 수 있지만, 러시아에서 정교의 역사는 오래되었다. 도스토옙스키는 "아름다움이 세계를 구한다"고 말한다. 러시아에서의 아름다움은 참된 것을 의미한다. 앞서 설명했듯이 표트르대제의 개혁으로 인해 19세기 러시아 사회에는 슬라브주의와 서구주의의 논쟁이 사회적 이슈로 부각되었다. 슬라브주의자들은 러시아 고유의 정신을 러시아 정교에서 찾고자 했고, 유럽 문명과는 별개의 존재로서 러시아의 정신만으로 세계를 구원할 의무와 사명을 갖는다고 주장했다. 1860년대에 이르러서 러시아에는 슬라브주의자들을 이어받는 대지주의자들이 등장한다. 이들은 러시아 민중이 대지를 향해 고해하는 오랜 관습에 근거해 어머니 대지에 강한 믿음을 갖고 사제가 아닌 대지에 고해성사를 해야 한다고 주장했다. 대지는 인간의 모든 고해를 들어 주는 존재일 뿐 아니라 모든 죄를 용서하는 주체라고 생각한 것이었다. 대지주의자를 대표하는 인물 중 하나가 바로 도스토옙스키로, 『죄와 벌』에는 이러한 정신이 잘 드러나 있다. 소냐가 라스콜니코프에게 십자로에서 대지에 입 맞추라며 권하는 회개 방식이 바로 그것이다.

인간은 자신의 의사를 결정할 자유의지를 갖고 있지만, 그 결과에 따른 책임도 가져야 하는 존재다. 신의 존재는 인간 정신의 자유를 통해 증명될 수 있고, 인간 자유의 부정은 곧 신의 존재를 부정하는 것이다. 도스토옙스키의 주인공들은 지상의 낙원을 이루기 위해 범죄를 저지르며 무신론적 사고와 인간 이성에 대해 맹신적이다. 주인공들은 모두 자신이 옳다고 생각하는 관념에 먹힌 존재다. 도스토옙스키는 주인공이 간과하는 문제들 또는 스스로 알고는 있지만 눈을 감고 외면하는 문제들을 그와 대조되는 인물들을 통해 조명함으로써 그들의 사상이 지닌 허구성을 드러낸다.

도스토옙스키는 잃어버린 선에 대한 간절한 희구를 가진 의로운 주인공들의 고뇌를 이해하지만, 신이 없는 그들의 길은 잘못되었다고 말한다. 그리스도의 형상을 내면에 갖추지 못한 채 실천하는 추상적 인류애는 인간에 대한 증오와 피를 불러일으킬 뿐이다. 도스토옙스키는 인간 본질에 대한 질문을 통해 공감을 이끌어 낸다. 모든 인간은 두 얼굴을 갖고 있다. 자기 내부의 어떤 얼굴이 드러나는가에 따라 자신도 예상하지 못하는 다른 인간이 될 수 있는 것이다. 도스토옙스키가 보여 주는 인간은 인간 그 자체가 아니라 인간들 안에 있는 또 다른 인간, 즉 인간 속의 인간이다.

도스토옙스키의 소설이 어렵게 느껴졌던 이유는 형이상학적이고 추상적인 내용이 통속적인 이야기 속에서 풀어지기 때문이다. 반면 그의 소설이 세대를 넘어 오랫동안 사랑받을 수 있었던 것은 시대를 아우르는 현대성, 즉 어느 시대에나 가질 수 있는 인간 본연의 문제를 다루고 있기 때문이다. 도스토옙스키의 문학이 갖는 힘은 소설이라는 형식 안에 인간 본성에 대한 철학적 이야기를 잘 담아낸 데 있다. 『죄와 벌』에는 이처럼 인간에 대한 깊은 성찰이 오롯이 녹아 있다.

화가 '요한 볼프강 폰 괴테'를 위한 기고:

『이탈리아 여행』을 중심으로

_이재원(한국외국어대학교 독일어통번역학과 교수)

1

세계의 문호로 불리는 괴테는 1749년 독일 마인강변의 프랑크푸르트에서 출생했다. 아버지는 법학을 전공한 궁정 평의원이었으며 엄격했고, 어머니는 시장의 딸로서 예술을 좋아하는 명랑한 성격이었다. 8살 때 이미 외조부에게 시를 보냈고, 16세 때 라이프치히 대학에서 법률을 공부하기 시작했다. 21세 때 스트라스부르에서 요한 고트프리트 헤르더를 만나서 민요와 문학에 대해 큰 감화를 받았다. 25세 때 케스트너의 약혼녀 샤를로테와의 관계를 바탕으로 한 『젊은 베르테르의 슬픔』을 출간하여, 일약 독일에서 가장 유명한 작가가 되었다. 27세 때 슈타인 부인에게 처음으로 편지를 써 보내면서 애정 관계가 시작되었는데 그 후로도 그녀를 위해 시, 희곡 등을 집필했다. 33세 때 바이마르공화국의 내무대신이 되어 귀족 칭호를 받게 되고, 37세 때 상인 멜러라고 자칭하고 이탈리아로의 여행을 시작했다. 20개월에 걸친 이탈리아 여행에 관한 그의 기행문에는 60여 점이 넘는 그의 그림(수채화 및 스케치)이 실려 있다. 48세 때 『파우스트』를 테마로 쓰고, 『헤르만 도르테아』를 완성했으며, 61세 때 『색채론』을 저술했다. 62세 때 자서전인 『나의 생애에서: 시와 진실』 제1부를, 그 이듬해에는 제2부 그리고 또 다시 2년 후에 제3부를 간행했다. 66세 때 국무대신이 되었고, 83세 때 생애 마지막 외출의 여파로 감기가 발병한 후 "더 많은 빛을!"이라는 말을 남기고 생을 마쳤다.[32]

2

37살의 나이, 바이마르공화국의 공무원으로 있던 괴테는 1786년 9월부터 약 20개월 동안 지금은 체코 땅인 카를스바트를 출발하여 독일과 스위스를 거쳐 이탈리아의 시칠리아까지 여행했다. 그는 그때의 기억들을 『이탈리아 여행』이라는 책에 쏟아 넣었다. 소설가이자 시인이며 공무원이었던 그가 왜 갑자기 그림 이야기나 그림 그리기가 위주가 된 여행을 감행했는가에 대해서는, 추정하건대 고대 그리스와 로마에 대한 그의 동경 때문이라고 간주할 수 있다. 또한 17세기에서 19세기 동안 유럽 여기저기에서 이 두 나라를 향하는 그랜드 투어(grand tour)에 대한 당시 상류사회 지식인들의 관심이 남달랐고, 그가 좋아했던 화가 알브레히트 뒤러도 이탈리아 기행 후에 그림 실력이 일취월장했음을 읽은 적이 있었다—알브레히트 뒤러가 이탈리아에서 카메라 옵스큐라[33] 작동법을 배워서인지는 모르지만—. 그리스는 좀 더 멀었고, 이탈리아의 예술적인 경향이 거의 그리스의 것을 답습했다고 본다면, 큰 차원에서 그리스와 이탈리아의 예술은 비슷한 것으로 간

---

32 괴테 (2006: 1102 이하 참조).

주할 수 있기 때문에 이탈리아만 착실하게 볼 수 있다면 그리스도 거의 본 것이나 마찬가지라고 생각했을 수도 있다. 또한 어린 시절 아버지의 이탈리아 여행기에 대한 감명도 이 여행을 추진하는 데 큰 역할을 했다. 만약 우리가 괴테에게 아버지에 관한 질문을 했다면, 그는 다음과 같이 대답했을 것이 분명하다:

> '아버지는 법학, 라틴어 문학, 최신 여행기 그리고 당시로서는 엄청난 지식의 보고였던 백과사전 등에 관심이 많았습니다. 또한 그러한 분야의 책들이 집 안 응접실에 그득했지요. 저는 그러한 책들을 접하면서 어린 시절을 보냈습니다. 거기다가 아버지가 응접실에 꾸며 놓은 로마의 풍경화들이 있었는데, 그중에서도 고대 로마와의 풍경을 묘사해 놓은 피라네시의 동판화도 있었지요. 그가 알베르티 회화론의 전통을 따라서인지, 풍경의 구성과 원근법이 특출했고 필치 또한 찬양할 만했습니다. 나는 이 그림에서 포폴로 광장, 콜리세오, 베드로 광

---

33 "카메라는 오랫동안 걸쳐 그림을 그리는 사생(寫生) 도구로 사용되었던 카메라 옵스큐라(Camera Obscura)에서 유래되었으며, 이는 라틴어로 '어두운 방'이란 뜻이다. 원리에 대해서는 BC 3세기경 아리스토텔레스의 <핀홀 상의 방법론>에 이미 기록되어 있다. 그는 어두운 방의 벽면에 뚫린 작은 구멍에서 들어온 빛에 의해 반대편의 벽면에 바깥 풍경이 역상으로 비치는 현상을 기록했다. 15세기에 이르러, 르네상스 시대의 화가 레오나르도 다빈치에 의해 카메라 옵스큐라의 원리를 이용하여 좀 더 구체적인 원근법이 발표되었다. 16세기에 와서 이탈리아 과학자 포르타에 의해 사람들에게 알려지기 시작하였으며, 1558년 『자연의 연필』이라는 책을 썼으며 '만약 당신이 그림을 그릴 줄 모른다 해도 연필로 카메라 옵스큐라에 비쳐진 윤곽을 따라 그리고, 그 위에 색칠만 하면 된다'고 함으로써 카메라 옵스큐라를 그림을 그리기 위한 보조 수단으로 사용할 것을 제안했다. 당시 화가들의 관심은 사실적인 묘사와 깊이감을 느끼는 원근법에 있었다. 17세기 독일의 요한 찬은 휴대할 수 있을 만큼 소형화했다. 이때까지는 그림을 그리는 도구에 불과했다. 19세기에 들어와서 감광재료를 이용하여 상을 영구적으로 정착시키고자 하는 노력이 시도됨으로써 비로소 사진에 대한 연구가 시작되었다. 이후 카메라 옵스큐라는 많은 발전을 거듭하게 된다. 구멍 대신에 앞에다 볼록 렌즈를 부착했으며, 렌즈의 발달과 셔터, 조리개 같은 기구를 붙인 것이 오늘날의 카메라다." (김석원 2004: 8 이하)

장, 성 베드로 사원의 내부와 외부, 엥겔스부르크와 같은 것들을 보곤 했습니다. 아버지는 평소에는 말씀이 없으셨지만, 그 그림들에 대해서 질문을 하면 친절하게 설명해 주셨지요. 아버지는 이탈리아에서 가지고 온 조그만 물품들을 보여 주시기도 하고, 이탈리아어로 쓴 여행기를 수정하기도 하고, 그것들을 정리하는 데 많은 시간을 보내곤 했습니다.[34] 아마도 이탈리아에 대한 저의 관심은 아버지의 영향 때문에 이미 어린 시절부터 있었다고 보아도 무방할 것입니다. 어린 시절부터 저는 고대적인 것에 대해 관심도 많았고요.'[35]

무엇보다도 괴테는 아버지가 괴테 자신의 나이 즈음에 어떤 생각을 가지고 이탈리아 여행을 했으며, 자신의 자식들에게 아버지가 자신에게 해주셨던 것처럼 어떤 이야기를 남겨 놓아야 하지 않을까 하는 약간의 의무감도 있었을 터였다. 그래서 그는 그 여행기에 "나는 아버지와 똑같은 경로로 가야 했지만 훨씬 편하게 그리고 멀리 가야 했다"라고 적어 놓기도 했다.

3

괴테는 세상 모든 것에 관심이 있었다. 이것은 르네상스 시대에 지식인들 사이에 유행처럼 퍼져 있었던 '보편인(uomo universale)'에 대한 추구와 관련 있다. 괴테는 르네상스 보편인의 특징인 다재다능을 아버지로부터 물려받았거나 아버지에 의해 만들어졌음이 틀림없다. 이 또한 다음과 같은 괴

34 괴테 (2006: 86).

35 괴테 (2006: 92).

테의 대답으로 추정해 볼 수 있다.

> "그렇습니다. 충분히 그렇다고 볼 수 있습니다. 아버지는 책을 무척이나 좋아하셨습니다. 그것도 아주 다양한 분야에서 말입니다. 하물며 법률학 논문들도 수집했습니다. 그리고 집 안 여기저기에 걸려 있던 그림들을 한데 모아서 공부방 옆의 한 아늑한 방의 벽에 서로 어울리게 걸어 놓기도 하셨습니다. 죽은 대가들의 것보다 살아 있는 대가들에게 더 관심이 있었고…… 그림을 라인 포도주에 비유하시기도 했습니다. 예를 들어, '그림은 완전히 라인 포도주 같은 것이어서 연륜이 뛰어난 포도주에 뛰어난 가치를 부여해 주기는 하지만 매년 전년과 똑같은 우수한 것이 나올 수 있다. 새 포도주도 어느 정도 시간이 지나면 마찬가지로 오래된, 어쩌면 더 값지고 맛 좋은 포도주가 된다는 것이지'[36]라고 말씀하셨지요. 또한 아버지는 많은 프랑크푸르트 화가에게 일을 시키고 있었습니다. 떡갈나무 숲과 너도밤나무 숲 그리고 전원 풍경에 가축을 잘 조화시켜 그렸던 하르트, 폐쇄된 공간에서 빛과 반사광을 통해 불타는 듯한 열정을 깊게 표현한 렘브란트풍의 트라우만, 자흐트레벤의 화법에 따라 라인 지방을 열심히 그린 쉬츠, 네덜란드풍의 꽃과 과일 그리고 조용히 일하는 인물들을 순수하고 소박하게 묘사했던 융커, 다름슈타트의 궁정화가인 제카츠 등 수많은 화가와 교류했습니다."[37]

괴테가 어릴 적 동판화가 들어 있는 성경책이나 그림들이 들어 있는 우

36 괴테 (2006: 106 참조).

37 괴테 (2006: 106 참조).

화집이나 신화집 또는 변형담이 실려 있는 책들에 대해서 회상하는 것을 보면 그림에 대한 그의 관심은 이른 시기에 있었던 것으로 보여진다.

> 그 당시—괴테의 어린 시절—에는 어린이들을 위한 책이 없었다. 어른들 스스로가 어린이 같은 마음을 갖고 있었으며, 자기 자신의 교양을 후손에게 전해 주는 것을 기분 좋게 여겼다. 아모스 코메니우스의 『그림의 세계』를 빼고는 우리가 접할 수 있는 이런 종류의 책은 아무것도 없었다. 그러나 우리는 메리안의 동판화가 담긴 커다란 2절판 성서를 자주 들춰 보았다. 역시 대가 메리안의 동판화가 담긴 고트프리트의 『연대기』는 우리에게 세계 역사상 가장 중요한 사건들을 가르쳐 줬다. 『이세라 필로로기아(Acerra philologica)』에는 온갖 우화, 신화, 기담들이 곁들여 있었다. 그리고 나는 곧 오비디우스의 『변형담』이라는 책을 알게 되었고, 특히 그 책의 첫 장을 열심히 읽었다. 그리하여 내 어린 머리는 곧장 많은 그림과 이야기로 가득 찼고, 중요하고 놀랄 만한 인물과 사건들로 채워졌다. 나는 이렇게 습득한 내용을 가공하고 되풀이하고 끌어내는 데 늘 분주하여 결코 지루함을 느낄 수 없었다.[38]

그래서 괴테는 어린 시절 자신이 참여했던 경매장에서 역사적인 그림이 소개되면 그것이 성서에서 유래한 것인지 일반 역사나 신화에서 유래한 것인지를 알아맞히는 경지에까지 도달했다. 또한 그는 요셉의 이야기를 묘사한 그림들을 꼼꼼하게 설명할 작문을 쓰기도 했다.

---

38 괴테 (2006: 115).

4

괴테는 예술이나 문학뿐만 아니라 자연과학에도 관심이 많았다. 그가 이탈리아 기행을 마친 후 『색채론』을 쓰게 된 것도 그러하고, 젊은 시절 하르츠의 산악지대에 있는 브로켄 산을 오르면서 눈 위에 드리워진 그림자 색깔의 변화가 언제나 그의 머릿속을 맴돌았던 것도 그러하고, 이러한 생각을 이탈리아 여행에서의 여러 경험과 버무려서 1790년 바이마르의 궁정 고문관이었던 뷔트너에게 빌린 프리즘을 가지고 했던 실험에서 '색채 원리'에 대한 강한 확신을 가지게 된 것을 보더라도 그러하다. 괴테는 당시까지 지배적이었던 뉴턴의 광학 이론이 썩 마음에 들지 않았다. 이를테면 빛 속에는 다양한 색이 있는데 이들이 결합하면 흰빛이 된다는 것이다. 뉴턴은 이러한 빛들을 분리하기 위해서 여러 방식을 동원했는데, 괴테에 의하면 이러한 뉴튼의 방식은 주변 상황과 환경이 무시된 채—자연과학적으로 관찰하자면—마찰과 저항이 제거된 순수 위상의 공간에서 실험을 한 결과와 진배없다는 것이다. 이에 대한 괴테의 색채론은 달랐다.

> 우리가 확신을 가지고 제시하는 이론도 무색의 빛으로 시작하며 색채 현상들을 일으키기 위해 외적인 조건들을 동원하기는 한다. 하지만 우리의 이론은 이러한 외적인 조건들의 가치와 위엄을 인정한다. 우리의 이론은 색이 빛으로부터 생겨난다고 감히 주장하지 않는다. 오히려 빛과 그에 대응하는 요소가 함께 작용하여 색이 생겨나는 수많은 사례들을 보여 주고 있다.[39]

---

39 J. W. v. Goethe (1989: 980).

광학에서 빛을 분석하고 반사시키는 데 유용한 것으로서 유리와 같은 물질을 정밀한 각도와 평면으로 절단한 투명체인 프리즘을 천천히 들여다 보면 황색은 주황색을 거쳐 적색으로 상승한다(짙어지는 대신에 어두워진다)는 상승의 원리 그리고 양극의 원리가 조합하여 생성된 색들이 대립과 조화를 이루면서 색채환의 원주상에서 일목요연하게 나타나는 총체성의 원리도 있다. 이러한 색채 원리에 대한 괴테의 관심은 미술이나 음악을 아는 것이 소설가나 시인으로서 훌륭한 작품을 만드는 데 엄청난 도움이 된다는 확신과 관련 있을 것이다. 르네상스 시대에 많은 회화 작품은 (자세히 살펴보면) 성경이든 또 다른 어떤 것이든 간에 글로 쓰인 이야기들을 큰 벽화나 천정화 또는 화폭에다가 옮긴 것이다. 이즈음에서 문학과 회화의 경계는 사라지고, 여행지에서의 그림을 그리는 것은 여행기를 쓰는 것 못지않게 중요한 일일 수 있다. 사실 여행을 떠날 때 그의 솔직한 심정도 그랬을지 모른다. 그는 이탈리아 여행 당시 『빌헬름 마이스터』를 쓰던 중이었는데, 그 소설에 그림과 관련된 이탈리아 여행 이야기가 많이 등장하는 것은 결코 우연이 아니다.

5

다음과 같은 여행기의 첫 구절에서 보듯이 이탈리아 여행의 첫 출발은 극적이었다.

> 새벽 세 시에 카를스바트(Karslbad, 오늘날 체코의 카를로비바리)를 남몰래 빠져나왔다. 안 그랬다간 그들이 나를 놓아 주지 않았을 것

이기에, 8월 28일에 몹시 친근한 방식으로 내 생일을 축하해 준 사람들은 그 덕분에 나를 붙잡아 둘 권한이라도 얻었다는 것인지, 다만 나로서는 여기서 더 머뭇거릴 수가 없었다. 혼자서 여행 가방 하나와 오소리 가죽 배낭 하나만 겨우 꾸려서는 우편 마차에 올라타고 일곱 시 반에 츠보타(Zwota)에 도착했다.[40]

괴테는 그곳에서 이탈리아 여행의 첫 그림인 〈츠보타의 역참(驛站)〉을 그렸다. 전통 시대 육상 교통로에 설치되어 역부와 역마로 중앙과 지방 및 외국과의 공문서 전달, 변경의 긴급한 군사 정보를 전달, 관물 수송, 관리 및 사신 왕래에 따른 숙박 등을 담당했을 츠보타 역참에서, 그는 스케치북을 들고 오랜 공무원 생활에서 고갈된 자신의 정신적 갈망을 채우기 위해서 펜을 들었을 것이다.

<츠보타의 역참>(괴테 作)

이탈리아 여행에서의 첫 번째 그림에 해당되는 〈츠보타의 역참〉은 단숨에 그려진 것 같지는 않다.

수많은 세필로 나무 이파리들을 정밀하게 묘사하려 애쓴 흔적이 그것을 증명한다. 화면 왼쪽에 보이는 몇 그루의 나무와 사선 구도를 지닌 역참에 딸린 통나무 구조물 그리고 반대 사선 방향으로 그어진 지붕을 형상화한 삼각형 구도가 화면 전체의 균형과 안정감을 제공하고 있다. 아마도 괴

40 괴테 (2016: 15).

테가 이탈리아 여행에서 그린, 대부분 그림에서 보이는 소박한 사실적 풍경 묘사는 그가 어린 시절부터 전문적인 화가 수업을 받지 않은 것에서 연유할지도 모른다.

> 나는 어려서부터 화가들 사이에 살아왔고, 그들처럼 대상들을 예술과 연관 지어 바라보는 데 익숙해 있었다. 이제 나 자신과 고독에 몸을 맡기자 반은 천부적으로 반은 노력으로 얻은 이 재능이 내게 나타났다. 눈길을 돌리는 곳에서는 어디서나 그림의 대상을 보았고, 내 마음에 들고 나를 기쁘게 하는 것은 붙잡아 두려고 했다. 그래서 나는 미숙한 방법으로 있는 그대로를 그려 나가기 시작했다. 이런 일을 하기에는 모든 것이 내게 부족했다. 그러나 나는 어떤 기술적 수단 없이 그저 눈에 보이는 가장 멋진 것을 모사하는 일에 집요하게 매달렸다. 물론 이 일로 인해 대상에 대한 커다란 주의력을 얻을 수 있었다. 그러나 나는 대상들이 영향을 주는 범위에서 전체적으로만 그것들을 파악할 수 있었다. 그래서 자연은 나를 기술하는 작가로 정해 주지 않았던 것처럼 개별적인 것들을 그려 내는 화가의 재능 또한 부여해 주려 하지 않았다.[41]

---

41 괴테 (2016: 364). 이탈리아 여행 중의 드로잉 작업에서 괴테는 그림에 대한 엄청난 고민들을 하게 되지만, 결국에는 그것에 익숙해지고 자신의 그림 실력이 늘어나고 있음에 대해서 만족하고 있다: "하지만 2주 전부터는 용기를 내서 작은 도화지를 챙겨 들고, 별장들이 여기저기 자리 잡은 골짜기와 언덕으로 나간다. 그러고는 별로 생각도 하지 않고 눈에 띄는 대로 진짜 남부와 로마의 모습들을 드로잉하고, 행운의 도움을 받아 거기에 명암을 부여하려고 애쓴다. 무엇이 좋고 더 나은지 분명히 볼 수 있다는 것은 아주 특별한 일이다. 하지만 그것을 자기 것으로 삼으려 하면 곧바로 손가락 사이로 빠져나가 버리니, 우리는 올바른 것을 잡는 것이 아니라 우리가 익숙하게 늘 잡곤 하던 것을 붙잡는다. 규칙적인 연습을 통해서만 앞으로 나아갈 수 있을 터인데, 내가 대체 어떻게 그럴 시간과 집중력을 얻으랴! 그런데도 보름 동안의 정열적인 노력으로 많은 점에서 개선되었음을 느낀다(괴테 2016: 288)."

6

여행을 시작한 지 며칠 되지 않은 9월 6일 아침 여섯 시, 뮌헨에 도착한 괴테는 이곳저곳을 둘러보다가 미술관에서 루벤스의 스케치들을 보고 큰 감명을 받는다. 벨기에 플랑드르 출신의 루벤스는 당대에 이미 인정을 받은 유명 화가로서, 괴테가 보았다는 그의 스케치는 아주 정교하고 세밀한 인물 스케치일 수 있고, 그 당시 이미 반에이크에 의해서 발명되어 알려져 있던 유화 그림을 위한 밑그림으로서의 스케치일 수도 있다. 어쨌든 잘 짜인 구도를 자랑하는 루벤스풍의 스케치를 염두에 두고, 괴테는 베네치아에서 그린 〈베네치아의 법정장면〉에 구현했을 것이다. 다시 말해서 이 그림이 루벤스풍이라고 추측되는 이유는 인물들 옷 주름이나 얼굴의 윤곽선들이 부드럽고 자연스러우며 전체적인 구도가 역동성을 띠고 있기 때문이다.

<베네치아의 법정장면>(괴테 作)

괴테는 이탈리아 여행이 정상 궤도에 오른 후 도착한 베네치아에서 공작 궁전에서 열리는 공개 재판을 구경하게 되는데, 이것을 사람들이 희극이라고 부른 이유는 이미 모든 것이 결정되어 있는 시점에 벌이는 공개 쇼이기 때문이었다. 괴테는 이런 종류의 공개 쇼가 서류 더미를 끼고 실내에 웅크리고 앉아서 벌이는 바이마르 공국의 재판보다 훨씬 더 낫다고 생각했다.

그는 이러한 느낌을 이미 여행의 초창기에 뮌헨에서 경험했고, 자신이 극찬했던 루벤스의 스케치풍을 의식하며 꽉 짜여 조화를 이룬 구도와 굴곡지고 인물을 그린 유려한 선들로 이뤄진 〈베네치아의 법정장면〉으로 표현했다. 괴테는 『이탈리아 여행』에서 루벤스풍뿐만이 아니라, 오스타데풍의 그림도 좋아했다고 『시와 진실』에서 고백하는데[42] 아마도 그러한 풍의 그림이 실제로 구현된 것이 〈로마의 포폴로 성문 맞은편의 토르토 벽〉으로 짐작된다. 로마에 체류하면서 그린 이 그림에는 괴테가 오스타데의 그림을 보고 감동했던 "대상의 위치, 광선, 음양, 전체적인 갈색의 색조, 마술적인 구도"[43]가 선명하게 보이기 때문이다.

<로마의 포폴로 성문 맞은편의 토르토 벽>(괴테 作)

42 "나는 대상의 위치, 광선, 음양, 전체적인 갈색의 색조, 마술적인 구도 등 그(오스타데)의 그림에서 보고 감탄한 모든 것을 여기서 실제로 보았다. 내가 나의 재능을 그토록 높이 인정한 것은 이것이 처음이었다. 나는 나중에 그 재능을 의식적으로 여러 번 연습해서 내가 막 작품들에 특별한 주목을 했던 이런저런 화가들의 눈으로 자연을 보려고 노력했다(괴테 2006: 491)."

43 괴테 (2006: 491).

7

자연을 바라보는 괴테의 시선은 세밀하다. 현대 회화의 효시라고 불리는 마네나 모네 그리고 세잔과 같은 인상파 또는 후기인상파 화가들이 그러했듯이 멀리서 또는 가까이서 산맥의 봉우리가 태양빛 속에 빛나거나 안개에 가려진 모습, 폭풍우를 담은 구름에 쌓인 모습이나 빗줄기가 후려치는 모습의 원인이 대기라고 간주하고 그 산맥 자체는 움직임과 변화가 없는 것이라고 사람들은 말하지만, 괴테는 그 산맥 자체는 죽은 것이 아니라 그것의 어떤 비밀스런 작용 때문에 외부의 상황들이 전개되는 것이라고 간주한다. 이것은 뉴튼의 만유인력을 연상시키기에 충분한데, 그러한 자연과학적인 발상이 그림에도 그대로 적용되어야 한다고 주장하는 그의 관찰력은 놀라울 따름이다.

> 하지만 나는 오래전부터, 산맥이 내부에서 조용히 비밀스럽게 어떤 작용을 해서, 대기에 생기는 변화의 상당수를 일으킨다는 생각을 떨쳐 버릴 수가 없다. 땅덩어리 자체, 특히 높이 솟아오른 거대한 지반(산맥)이 언제나 동일한 인력(引力)을 갖지 않고, 맥박처럼 어느 정도 커졌다 줄었다 하는 인력을 갖는다고, 그러니까 내부의 필연적인 요인과 어쩌면 외부의 우연한 요인들을 통해 그 인력이 커졌다 줄었다 한다고 생각된다. 이런 진동을 설명하려는 다른 온갖 시도들이 너무 제한적이고 불분명한 것이라 해도, 부드럽고도 너무 널리 퍼져 있는 대기가 이런 조용한 작용을 일으킨다고 설명할 수는 없다. 산맥의 인력이 조금이라도 줄면 대기의 중력, 탄성이 줄어드는 결과를 빚는다. 대기는 속에 화학적·역학적으로 퍼져 있는 수분을 더는 견디지 못하고, 구름이 아래

로 내려가면서 비가 오고 빗줄기는 땅으로 이끌린다. 하지만 산맥의 중력이 조금이라도 커지면, 즉 대기의 탄성이 다시 회복되면 두 가지 중요한 현상이 생긴다. 첫째는 산봉우리 주변으로 거대한 구름 덩어리들이 모여들고, 산이 이 구름을 붙잡아 제 머리 위에 마치 또 하나의 봉우리가 있는 양 잡아 둔 상태에서, 구름은 속에서 일어나는 전기력의 싸움에 따라 제각기 뇌우나 안개나 비가 되어 내려온다. 둘째로는 탄성을 얻은 공기가 나머지 구름에 작용해서 수분을 빨아들이고 해체하여 없앨 수가 있다. 나는 구름이 이렇게 해체되는 광경을 아주 뚜렷이 목격했다. 가장 가파른 봉우리 주변에 걸린 구름이 저녁노을을 만들어 내는데, 구름의 양쪽 끝이 천천히 분리되어 몇 조각이 떨어져 나가 공중으로 떠간다. 이들이 사라지고 또 나머지 구름 덩어리도 차츰 사라져서, 마치 내 눈앞에서 보이지 않는 손이 실타래를 풀어 버리기라도 한 것처럼 완전히 없어지는 것이다.[44]

이 구절들을 읽고 나면, 괴테에 의해 이제 회화가 (자연)과학으로 승격하려는 느낌도 감지된다. 그래서 친구들이 그에게 '떠돌이 날씨 관찰자'[45]라는 별호를 붙였다면 당연히 그것은 수정되어야 한다. 이것은 회화를 '학문'의 경지에 올려놓기 위해서 회화론을 15세기 당시 학문의 반열에 당당히 서 있었던 고대 수사학에 적용한 르네상스 초창기의 보편인이었던 레온 바티스타 알베르티 수법과도 유사하다. 왜냐하면 알베르티는 이를 위해서 회화론의 제1권을 수사학의 로고스에 해당되는 원근법의 기본 원리에 할애하고, 제2권에서 예술을 예술가의 손에 맡겨서 회화 예술을 구성하는 여러

---

44 괴테 (2016: 30 이하).

45 괴테 (2016: 31).

요소를 분류하고 또한 여기에 관련되는 모든 문제를 해명하며, 제3권에서 회화 예술의 모든 지식을 획득하고 작품을 완전하게 실행하기 위해서 화가가 익혀야 할 능력과 의무에 대해서 이야기하기 때문이다(알베르티 1998: 15 참조, 이재원 2018: 31 이하 참조). 이와 더불어, 괴테에게 있어서는 그림의 대상이 되는 '소재에서 나오는 인상'도 무척이나 중요했음에 틀림없다.

> 드레스덴에서의 며칠 동안의 체류는 나는 오로지 화랑 구경에만 바쳤다. 고대의 유물들이 왕립 대정원의 전시관 안에 있었지만 나는 그것을 포기했고, 드레스덴에 있는 그 밖의 진귀한 모든 것도 보지 않았다. 나는 오로지 화랑에 수집되어 있는 그림들에만 내가 모르는 많은 것이 숨겨져 있을 것으로 확신하고 있었다. 그리하여 나는 이탈리아 대가들의 가치를 통찰하여 평가하기보다는 그 자체를 참되게 믿고 받아들였다. 내가 자연으로서 볼 수 없는 것, 자연의 위치를 대신할 수 없는 것, 잘 알려진 대상과 비교할 수 없는 것은 내게 영향을 주지 못했다. 모든 고상한 예술 애호의 발단은 소재에서 나오는 인상이다.[46]

8

괴테는 자서전인 『시와 진실』에서 자신이 사생화에 몰두하고 있다는 소식을 감독자를 통해 전해 듣고 기뻐하는 아버지에 대한 이야기를 전하고 있다.[47] 또한 괴테는 친구들과 어린 시절부터 먼 곳에 엄숙한 모습으로 서 있

46 괴테 (2006: 493).

는 산으로 여행을 하곤 했는데, 멀리서 굽이쳐 흐른 라인강도 구경하고 마인츠의 평원으로 달려가기도 하고 비브리히의 포도밭을 여행하기도 했다. 그러나 그는 아버지가 많은 그림을 그려 오기를 기대했던 이런 여행들에서 (넓디넓은 풍경을 그림으로 이해할 만한 감각과 재능과 연습의 부족으로 인하여) 아무런 수확이 없을 때 큰 실망감을 안고 돌아오곤 했다고 훗날 회상하고 있다.[48] 그래서 이탈리아 여행의 초반기에 그렸던 〈레겐스부르크와 인접한 도나우강〉과 〈코헬 호수〉는 그가 자서전에 적어 넣었던 위와 같은 어린 시절의 회상과 관련 있음이 틀림없다. 왜냐하면 그림 그릴 시간이 빡빡한 경우도 있었고, 여행의 초반기는 펜 놀림이 손에 채 익숙해지기 전이었기 때문이다. 또한 가장 중요했던 것은 오랫동안 풍경을 감상했음에도 아무런 전리품 없이 숙소로 돌아온다는 것의 허무함에 대해서 이미 그는 알고 있었기 때문에, 단순하지만 어떤 것이든지 그려야 했고, 이미 익숙해진 간략한 소실점이 있는 구도나 모든 세부 묘사를 생략하고 평행선 음영인 해칭을 섞어 넣으면서 약간의 명암을 주는 기법만으로 하나의 소품을 만들었을 것이다.

<레겐스부르크와 인접한 도나우강>(괴테 作)

<코헬 호수>(괴테 作)

---

47 "아버지는 내가 점차 정상상태로 돌아가고 있으며, 특히 사생화에 열정적으로 몰두하고 있다는 소식을 감독자를 통해 전해 듣고 대단히 만족해 했다. 왜냐하면 한편으로는 아버지 자신이 그리기와 회화를 중요하게 여겼고, 다른 한편으로는 대부 제카츠가 나를 화가로 만들지 않는 것이 아쉽다고 아버지에게 여러 차례 말했기 때문이다(괴테 2006: 365)."

48 괴테 (2006: 367 참조).

그러나 그는 이탈리아 여행 도중 스케치에서 때때로 구도 잡기에 골몰하다가 허탕을 친 적도 있었다.

> 9일 오후에 일기의 첫 부분을 끝마치고 나서, 브렌너의 우편 마차가 멈추는 그곳 숙소의 모습을 스케치하려 했지만, 그 장소의 특성을 놓치는 바람에 제대로 하지 못하고 절반쯤 기분을 망쳐서 숙소로 돌아왔다."[49]

9

일견 단순해 보이지만 괴테의 그림들은 다양한 모습을 지녔다. 〈브렌너로 향하는 길목의 물방앗간과 농가〉에서는 선들이 짧고, 필치에 있어서도 통일적이지도 않은 모습을 지녔지만, 단순 소박함은 물씬 풍겨난다. 이와는 달리, 그 며칠 후에 그린 〈아디제 강변의 로베레토〉는 반복적이고 습관적으로 펼쳐진 잔선들이 제거되고, 도식적인 형태의 숲과 건물들이 특징적이다.

<브렌너로 행하는 길목의 물방앗간과 농가>(괴테 作)

<아디제 강변의 로베레토>(괴테 作)

49 괴테 (2016: 39).

어쨌든 위의 두 작품에서는 자잘한 직선과 곡선의 반복이 특징적인데, 〈토르볼레 인근의 가르다 호수〉와 〈포르볼레 나루터〉는 희미한 윤곽 속에 목탄을 뭉갠 듯한 옅은 음영이 있을 뿐이다.

<토르볼레 인근의 가르다 호수>(괴테 作)

<포르볼레 나루터>(괴테 作)

그러나 며칠이 지난 후에 그린 〈가르다 호수에서 바라본 말체시네 성 전경〉과 〈말체시네의 성을 그린 미완성 스케치〉는 또 다른 느낌을 준다. 이 그림들에서 성곽을 형성하는 담벼락 요철의 형태는 분명하고 정확하다. 이러한 세밀함과 대조적으로 오른쪽 면의 대부분은 여백으로 남겨져 있다. 이 조화로움이 그림의 전체를 지배하고 있다. 이것은 그가 파도바의 에레미타니 교회에서 만테냐의 그림들을 보고 난 후 경탄을 느끼면서, 그의 그림들에 들어 있는 날카로운 또는 더욱 견고한 현실성이 있음을 감탄한 것과 맥이 같다. 그는 효과만을 노린 채 겉모습만으로 상상력에 말을 거는 것이 아니라, 실하고 순수하고 밝고 상세한, 성실하고 섬세하고 명확한, 동시에 엄격함과 부지런함과 고단함을 지닌 참된 현실성으로 묘사하는 것에 경탄하고 있다.[50]

50 괴테 (2016: 102 참조).

<가르다 호수에서 바라본 말체시네 성 전경>(괴테 作)

<말체시네의 성을 그린 미완성 스케치>(괴테 作)

그 후 얼마간의 시간이 지난 후 베네치아의 바다를 그린 〈베네치아〉에는 단순하고 명확한, 그러나 왼쪽으로 진행되면서 점점 사라지는 한 줄의 지평선과 직각으로 솟은 배의 기다란 돛이 명료하다. 이것은 훗날 모네풍의 해돋이 인상이라기보다 터너의 잔잔한 바다 풍경과도 닮았다. 사실 괴테는 여행 중에 들렀던 베네치아에서 베네치아 유파의 훌륭한 그림을 보는 듯하다며 베네치아의 풍경에 감탄했다. 그래서 그의 〈베네치아〉에는 구도와 조화를 중시했던 다빈치와 미켈란젤로 그리고 라파엘로라는 걸출한 천재들이 속해 있던 피렌체 유파와 달리, 색채와 질감을 중시 여기는 베네치아 유파의 그림풍을 따라가려 했던 흔적들도 보인다. 왜냐하면 두터운 수평선과 몇 번씩 그어 올린 수직의 돛대가 이를 방증하기 때문이다. 그는 베네치아 유파를 칭송했던 그 구절의 의미를 자신의 〈베네치아〉에 담으려 했을지도 모를 일이다.

> 햇볕은 부분 색깔들을 눈부시게 드러내 주고, 그림자가 진 부분도 아주 밝아서 상대적으로 빛의 원천이 될 수 있을 정도이다. 초록색 바닷물에 비친 것에 대해서도 같은 말을 할 수 있다. 모든 것이 밝음 속에 더욱 밝게 그려져서, 'i'라는 글자에 점을 찍으려면 거품을 일으키

는 파도 위로 번갯불이 필요할 정도이다."[51]

그래서 괴테의 〈베네치아〉가 채색화였다면 작열하는 태양빛과 시원한 바다색으로 물들여져 있었을 것이다. 왜냐하면 그는 바라보던 사물에 따라 눈길이 형성되는 것은 자명하고, 따라서 베네치아에서 스케치하는 화가들은 다른 사람들보다 사물을 더욱더 분명하고 밝게 볼 것이라고 확신했기 때문이다.[52]

<베네치아>(괴테 作)

10

유사 이래 미술사가 중에서 가장 큰 영향력을 행사한 것으로 보여지는 곰브리치는 『서양미술사』의 초입에서 작품의 아름다움은 결코 소재의 아름다움과는 상관없음을 루벤스가 그린 아들의 니콜라스의 초상화와 뒤러가 그린 노모의 초상화를 비교하여 설명하고 있다. 그는 뒤러가 그린 노모의

51 괴테 (2016: 142 이하).

52 괴테 (2016: 142 참조).

초상화는 보는 이로 하여금 시선을 피하고 싶은 충동을 줄 만큼 충격적이지만 진실성을 가진 명작이라고 평하면서 루벤스의 어린 아들의 초상에 뒤지지 않는다고 주장했다.[53] 괴테 또한 이런 생각을 가졌다는 것은 분명해 보인다. 그가 말체시네 항구에서 스케치를 하면서 겪은 다음과 같은 이야기에서 폐허를 스케치하는 그의 그러한 모습이 보이기 때문이다.

> 성의 뜰에서 나는 암벽 위에 세워진 저 낡은 탑이 보이는 곳에 앉았다. 스케치하기에 편한 자리를 미리 보아 뒀다. 그곳에 앉아 스케치를 하고 있는데, 얼마 지나지 않아 다양한 사람들이 성의 뜰로 들어와 나를 쳐다보며 이리저리 오갔다. 사람들은 점차 불어나는데 마침내 멈추어 서더니 나를 둘러쌌다. 내 스케치가 이런 말썽을 불러일으킨 것을 알아챘지만, 나는 별로 구애를 받지 않고 극히 편한 자세로 작업을 계속했다. 마침내 험상궂은 어떤 사내가 다가오더니 대체 무슨 일을 하는 거냐고 물었다. 나는 말체시네의 기억을 보존할 셈으로 저 낡은 탑을 스케치 중이라고 대답했다. 그러나 그는 이런 일은 허용되지 않으니

---

53 "대부분의 사람들은 그들이 현실 생활에서 보고자 하는 것을 그림 속에서도 보기를 원한다. 이것은 지극히 당연한 선택이다. 우리는 모두 자연의 아름다움을 좋아하고 그 아름다움을 작품 속에 간직해 준 미술가들을 감사하게 생각한다. 이런 미술가들 자신도 우리들의 이런 취향을 타박하지 않을 것이다. 플랑드르의 위대한 화가인 루벤스가 그의 어린 아들을 그렸을 때 그는 분명 아들의 귀여운 얼굴을 자랑스럽게 생각했을 것이다. 또한 그는 우리들이 그의 아들을 귀엽게 보아 주기를 원했을 것이다. 그러나 마음을 사로잡는 아름다운 주제에 관해서 이런 편견을 갖는 것은 우리들로 하여금 매력이 덜한 주제를 다룬 그림을 거부하게 만든다. 독일의 유명한 화가 알브레히트 뒤러도 루벤스가 자기의 포동포동한 아들에게 가졌던 것만큼의 애착과 사랑을 가지고 그의 어머니를 그렸을 게 틀림없다. 고생에 찌든 늙은 어머니를 진실 되게 그린 이 습작은 보는 이로 하여금 시선을 피하고 싶은 충동을 줄 만큼 충격적이다. 그러나 뒤러의 이 그림은 위대한 진실성을 담고 있는 명작이기 때문에 우리가 처음에 느낀 반감을 극복하기만 한다면 충분한 보상을 받게 될 것이다(곰브리치 2013: 17 이하)."

어서 중단하라고 말했다. 하지만 베네치아 사투리로 말했기에 나는 그의 말을 거의 이해하지 못했고 그래서 무슨 말인지 모르겠다고 대답했다. 그는 진짜 이탈리아 방식 태연자약함으로 내 스케치 종이를 잡더니 그것을 찢어서 판지 위로 떨어뜨렸다. 그러자 구경꾼 사이에서 볼멘 소리가 나오는 것을 알아챌 수가 있었다. 마침내 행정관이 법원 서기를 대동하고 나타났을 때는 전혀 거리낌 없이 그에게 인사를 했다. 어째서 이 요새를 스케치하느냐는 그의 질문에, 나는 공손히 대답했다. 나는 이 폐허가 요새라고는 생각지 못했다. 그러면서 탑과 성벽이 무너졌고, 성문도 없다는 점을 지적했다. 한마디로 말해서 성 전체에 아무런 방어가 없으니, 나는 이것을 그냥 폐허라 여기고 스케치를 하고 있었다. 그가 내게 대꾸했다. "그럼 폐허라 치고, 대체 이 폐허의 어디가 그렇게 특별해 보인단 말이오?" 시간도 벌고 호의도 얻을 셈으로 나는 극히 조심스럽게 대답했다. 많은 여행자가 오로지 폐허를 보려고 이탈리아에 온다는 것을 그들도 알 것이다.[54]

11

괴테는 이탈리아 여행이 본궤도에 오르게 되는 출발 이듬해 1월 22일경 로마에서 그림에 대한 학구적 열망을 한없이 표출하고 있다. 그는 즐거

54 괴테 (2016: 55 이하). 또한 그는 베네치아의 밝은 풍광을 그리는 이탈리아 화가들보다도 북부 화가들이 그린 폐허들을 그림의 소재로 활용하는 것에 대해서도 기꺼이 동의한다: "북부 화가들이 초가지붕과 쓰러진 성들로 무언가를 만들어 내려 애쓰고, 또 시냇물과 덤불과 부서진 돌들에서 어떻게든 회화의 효과를 얻으려 하던 것이 이따금 기억난다. 그럴수록 나 자신이 더욱 놀랍게 생각된다(괴테 2016: 288)."

운 쾌락을 주는 것을 표피적으로만 받아들이는 것, 다시 말해 근본적인 지식 없이는 참된 즐거움이 없다는 사실을 깨달으면서 해부학과 근육과 같은 인체에 대한 자신의 관심, 조각상들에 대한 주도면밀한 관찰이 중요하다는 사실을 피력한다.

> 거대한 군용 병원 산토 스피리토에는 화가들을 위해 매우 아름다운 근육 체계를 전시해 놓았는데, 그 아름다움이 경탄을 불러일으킨다. 산 채로 가죽이 벗겨졌다는 반신 마르시아스라고 할 수 있을 정도이다. 나는 이렇듯 고대인들의 안내를 따라, 인체 골격도 인공적으로 뼈들을 결합해 놓은 것만이 아니라, 생명과 운동을 가능케 하는 관절까지 함께 공부하게 된다. 저녁이면 원근법도 공부한다는 말을 한다면, 내가 그냥 한가히 게으름 부리는 게 아니라는 사실을 알 것이다. 다만 그 모든 일에서 우리는 실제보다 더 많은 일을 하기를 바라는 것뿐이다."[55]

그리고 고대 그리스의 예술가들이 추구했을 불멸의 '완결된 원'—현대적으로 말하면 '참다운 미'—에 대해 궁금해 했다.

> 두 번째 관찰은 오로지 고대 그리스의 예술에만 한정된 것인데, 저 비할 바 없는 그리스 예술가들이 어떻게 작업하여 인간의 신체에서 신과 같은 형태의 원을 발전시켰는가를 탐색하는 일이다. 이 원 안에서 그 어떤 핵심적임 모습도, 변화 과정과 중개까지도 빠진 것이 거의 없

55 괴테 (2016: 272 이하).

> 는, 완결된 원이다. 나는 그들이 자연이 따르는 것과 같은 법칙에 따라서 그리고 내가 추적하고 있는 바로 그 법칙에 따라서 작업했다고 추측한다. 다만 거기에는 다른 점도 있는데, 나로서는 그것을 표현할 바를 모르겠다."[56]

또한 괴테는 자서전에서 이미 젊은 시절에 가졌던 기하학에 대한 관심을 드러내기도 했다.

> 나는 일찍이 컴퍼스와 자를 사용하는 법을 배웠으며, 기하학 수업 시간에 배운 모든 것을 곧장 실제에 응용하여 판지 공작에 몰두할 수 있었다."[57]

12

『이탈리아 여행』에 등장하는 괴테의 그림들은 대부분 목가적인 전원풍을 자랑한다. 몇 개의 인물화가 보이지만, 그러한 인물화에서도 마찬가지 인상이 묻어난다. 이러한 사실은 그의 고백으로부터도 증거될 수 있다.

> 시를 읽다 보면 갖가지 종류의 드로잉이나 동판화가 붙어 있었으면 하고 소망하고, 또한 화가들도 어떤 시 구절을 위해 극히 상세한 그림들을 바쳤으면 하고 바란다는 사실을 경험을 통해 잘 알기에, 티슈바

---

56 괴테 (2016: 279 이하).

57 괴테 (2006: 136).

인의 구상은 극히 찬양할 만하다. 즉 시작부터 통일성을 이루기 위해서는 시인과 화가가 공동 작업을 해야 한다는 생각 말이다. 물론 쉽게 이해되고 전파되는 작은 시들이라면 이런 공동 작업의 어려움이 많이 줄어들 것이다."[58]

13

'여행의 목적은 떠남이 아니라 여행 자체에 있다'[59]라는 구절은 그의 이탈리아 여행에는 잘 들어맞지 않는 것처럼 보인다. (지금까지의 그의 행적을 더듬으면) 괴테에게는 '화가가 되기 위하여' 또는 '색채론을 구상하기 위하여'라는 뚜렷한 목표 설정이 있었을 것으로 보여지기 때문이다.[60] 더군다나 여행기의 한 장소에 이러한 그의 마음이 분명하게 표현되어 있다.

그림에 대해 짤막하게 보고하고 몇 가지 관찰을 덧붙이기로 한다. 나는 자신을 기만하기 위해서가 아니라 내가 보는 사물을 통해 나 자신을 알려고 이 경이로운 여행을 하고 있다. 그런 만큼 내가 미술이나 화가의 기술에 대해 별로 아는 바가 없다는 사실을 솔직히 털어놓아야

---

58 괴테 (2016: 230).

59 지식향연 기획위원 (2016: 7).

60 "대략 1790년과 1810년 사이에 걸친 연구에 의해 완성된 괴테의 『색채론』은 1810년 5월 18일에 완성되었다. 라이프치히 시절부터 빛과 그림자, 색채 현상 등에 관한 관심을 보이던 괴테가 색채 현상에 대해 체계적으로 연구하겠다고 결심한 것은 첫 번째 이탈리아 여행 동안이었다. 이탈리아의 예술 작품들과 예술가들을 접한 괴테는 실용적인 차원에서 회화의 채색에 있어서의 규칙과 법칙의 필요성을 절감했던 것이다(정희창 1999: 173)."

겠다. 그러니 나의 관심, 나의 관찰은 오로지 실질적 부분, 즉 대상과 그 대상을 다룬 방식에 집중될 수밖에 없다.[61]

그래서 그는 베로나에 있는, 회화 박물관을 연상시키는 산 조르지오 교회에서 오병이어의 기적에 관한 역사화를 그렸던 화가들의 고뇌를 상상했을 것이다. 다음 구절을 보면, 그의 이탈리아 여행은 스케치 여행이고, 이것은 바로 회화의 보편성을 위한 노력의 일환임이 분명해 보인다.

화가들은 나를 기꺼이 도와주는데, 내가 파악이 빠르기 때문이다. 하지만 설사 파악했다 해도 그리 빨리 실천으로 옮겨지지는 않는다. 무언가를 재빨리 파악하는 것은 어차피 정신의 특성이지만, 무언가를 올바르게 행하는 것은 평생의 연습에 속하는 일이기 때문이다.[62]

61 괴테 (2016: 75).

62 괴테 (2016: 288 이하).

[참고문헌]

Goethe, J.W.v.(1989): Goethe: Sämtliche Werke nach Epochen seines Schaffens. Münchner Ausgabe. Bd. 10. Die Farbenlehre. Hrsg. v.P.Schmidt. München.

E.H. 곰브리치, 백승길 옮김, 『서양미술사』, 예경, 2013.

알베르티, 노성두 옮김, 『알베르티의 회화론』, 사계절, 1998.

요한 볼프강 폰 괴테, 이관우 옮김, 『괴테 자서전』, 우물이있는집, 2013.

요한 볼프강 폰 괴테, 안인희 옮김, 『이탈리아 여행』, 지식향연, 2016, 7-9쪽.

김석원, 「관찰자의 시점과 카메라 옵스큐라와 카메라 - 베르메르와 드가를 중심으로」, 한국다큐멘터리 사진학회 5, 2004, 7-23쪽.

이재원, 「미술과 수사학 - '알베르티 회화론'을 중심으로」, 2018년도 한국수사학회 추계정기학술대회, 주제: 예술(기예)의 수사학 Rhetoric of Arts, 2018, 29-52쪽.

정희창, 「괴테 '색채론'의 구조와 그 현대적 의미」, 『괴테 연구』 11-1, 1999, 173-189쪽.

그리스 고고학, 역사 이전의 역사를 캐다

_김혜진(한국외국어대학교 그리스·불가리아학과 교수)

들어가며

그리스는 유럽 문화의 원류로 알려져 있다. 고대 그리스인들은 인류의 중요한 가치인 자유와 평등, 이성과 같은 사고의 틀을 발명했고, 문학과 철학, 역사학, 정치학, 미술과 건축, 의학, 수학 등의 학문적 기반을 마련했다. 고대 그리스의 문화는 로마 제국으로 이어졌고 그리스와 로마의 문명은 서구의 '고전' 문화가 되었다. 유럽 최초의 서사시인 호메로스(Homer)의 『일리아스(Iliad)』와 『오디세이아(Odyssey)』를 비롯하여 아이스킬로스(Aeschylus)와 소포클레스(Sophocles), 에우리피데스(Euripides)와 같은 비극 작가의 작품들과 소크라테스(Socrates)와 플라톤(Plato), 아리스토텔레스(Aristotle)로 이어지는 서양철학의 전통, 히포크라테스(Hippocrates)에서 발원된 서양 의학의 전통이 바로 유럽의 정신적 근간이 되었다. 그리고 『신약』 성서가 그리스어로 기록되면서, 그리스도교는 그리스인과 그리스 문화라는 렌즈를 통하여 로마 제국과 유럽에 전파될 수 있었다. 그리스의 문화와 역사가 그리스인들만의 것이 아니라 유럽인들과 서구인들의 것이라는 생각이 널리 퍼지게 된 것은 이러한 까닭 때문이다.

고대 그리스로 알려진 시대는 그리스의 문자로 기록된 문헌이 존재하는 고전 그리스(Classical Greece)의 시대로 대략 서기전 1000년경부터 서기전 1세기까지다. 한국인이 그리스에 관해 아는 지식과 정보는 바로 이 고전 그리스 시대에 벌어진 것이 대부분이라 해도 과언은 아니다. 하지만 고전 그리스가 존재하기 훨씬 이전부터 그리스 땅에는 그보다 오랜 문명의 역사가 있었다. 이 시기는 그리스의 '청동기시대(Bronze Age)'로 일컬어지는 '선사시대(Prehistoric Period)'로, 서기전 3000년경부터 서기전 1000년까지를 아우르는 2000년 동안의 긴 시간에 해당한다. 역사 시대 이전에 있었던 선사시대는 문헌으로 기록된 자료가 거의 남아 있지 않아서 그들의 삶을 제대로 이해하기가 쉽지 않다. 그래서 청동기 문화라고 하면 으레 그 생활 방식이나 사고가 원시적이고 미개했을 것이라고 착각하게 된다. 그러나 그리스의 청동기 사람들은 발달된 문명을 바탕으로 문자 생활은 물론이고 화려한 미술과 건축 문화를 향유했다. 이는 고고학자들이 발굴한 유물과 유적을 통하여 확인된다. 이 글은 고대 그리스 문명의 시작점이 되는 청동기시대와 철기시대의 유물과 유적을 바탕으로 고고학자들이 역사를 재구성하는 방식을 소개하고자 한다. 더불어 역사가 문자 기록을 통해서만 남겨지는 것이 아니라 다양한 물질문화의 흔적에도 베어 있다는 사실을 그리스 고고학을 통해 조명해 보고자 한다.

그리스와 헬라스

그리스는 유럽의 남동쪽 발칸반도의 남단, 지중해의 북동쪽에 면해 있는 반도 국가이다. 동쪽으로는 에게해(Aegean Sea), 서쪽으로는 이오니아해(Ionian Sea)가 있고, 그 바다에는 6,000여 개의 크고 작은 섬이 위치해 있어서 전통적으로 그리스인들은 해양에서 활발히 활동했다. 동쪽의 아시아 대륙과 남쪽의 아프리카 대륙, 북쪽의 유럽 대륙을 육로와 해상으로 잇고 여러 문명을 융합할 수 있는 지정학적 위치는 그리스가 유럽 문명의 발원지가 되는 데에 중요한 요인으로 작용했다. 특히 남쪽으로는 제주도 면적의 네 배가 넘는 크레타(Crete)섬이 위치해 있어서 우리나라와는 지리적으로 유사한 점이 있다.

그리스는 청동기시대부터 5,000년이라는 긴 문명의 역사를 자랑하고 있어서, 세계에서 가장 오랜 역사를 지닌 국가 가운데 하나로 꼽히기도 한다. 현대 그리스는 비잔틴제국(Byzantine Empire)을 점령한 오스만제국(Ottoman Empire)에 의해서 300년이 넘는 긴 세월 동안 점령당했다가 1821년에 독립을 선언하면서 세워졌다. 그래서 정치적으로 보면 현대 그리스는 200년의 역사를 지닌 신생 국가이지만, 고대 이래로 그리스의 언어와 문화적 전통이 유지된 까닭에 현대 그리스는 고대와 중세 그리스와 문화적으로 연결선상에 놓인다.

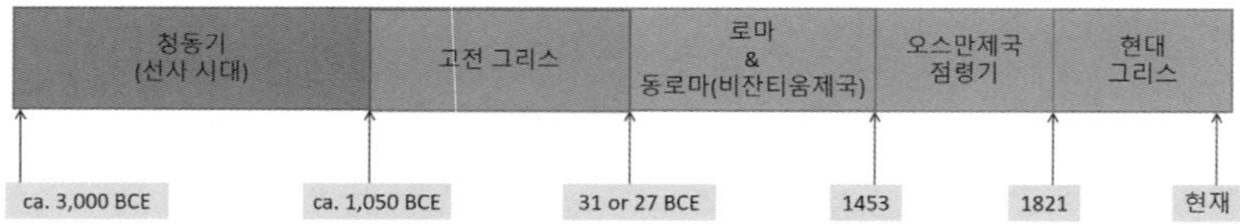

그리스 연표

현대 그리스의 문화적 정체성은 국명에서도 잘 드러난다. 세계적으로는 '그리스'라는 이름으로 알려져 있지만, 그리스인들은 이 명칭을 대신하여

'헬라스 공화국(Hellenic Republic)'이라는 이름을 공식적으로 사용한다. 본래 그리스라는 명칭은 그리스 북부 지역에 거주하던 그리스인을 가리키는 '그라이코스(Γραικός)'에서 온 말이다. 후에 로마인들이 라틴어로 그리스인을 '그라이쿠스(Graecus)'라고 부르던 것이 오늘날 '그리스'라는 이름으로 전해진 것이다. 다시 말하면 그리스라는 이름은 외지인들인 그리스인들을 가리키던 명칭이지, 그들 스스로를 부르던 이름이 아니다. 그리스인들은 고대에서부터 현재까지 스스로를 '헬레네스(Hellenes)'라고 부른다. 이것은 그리스인들이 신화상의 선조로 여기는 '헬렌(Hellen)'이라는 이름에서 유래한 것으로, 고대 그리스 문화를 가리키는 '헬레니즘(Hellenism)'이라는 용어도 이 말에서 나온 것이다. 국명에서도 잘 드러나듯이, 현대그리스인들은 고대 그리스인과 자신을 동떨어진 존재로 여기지 않는다. 그들은 현대까지도 고대 그리스의 언어적, 문화적 전통의 연장선상에서 존재하기 때문이다.

신화와 역사

고대 그리스인들에게 '역사'와 '이야기'는 명확히 구분되지 않았다. 고대 그리스에서 역사를 의미하는 단어인 '히스토리아(ἱστορία)'는 본래 '알아내다'라는 의미의 동사에서 파생된 단어로, 의문을 갖고 탐구한 지식이나 그 내용을 의미했다. 그리스인들이 생각한 역사는 객관적인 '진실'과 주관적인 '의견'이라는 두 가지를 모두 포함했다. 히스토리아가 지닌 이러한 두 가지의 의미는 '역사(history)'와 '이야기(story)'를 의미하는 영어 단어와도 연결된다. 고대 그리스에서 '이야기'를 의미하는 단어로는 '미토스(μύθος)'가 있다. 미토스는 우리말의 '신화'로 번역되어 알려져 있는데, 본래 미토스는 신들의 이야기가 아닌 극의 줄거리나 허구의 이야기를 의미했다. 즉 이성적 사고에 의해 밝혀진 진실의 다른 끝에 위치한 것이 미토스라고 할 수 있다.

문자로 기록된 역사가 나타나기 전까지 수천 년의 오랜 그리스의 역사는 진실과 허구의 이야기가 공존할 수밖에 없었다. 이러한 현상은 문헌 사료가 거의 없는 청동기 그리스의 역사를 기술할 때에 더욱 심하게 나타난다. 그리스의 알파벳은 서기전 750년경에 나타났는데, 이전에 그리스인들은 과거 청동기시대의 역사를 구전으로 전했다. 청동기시대 2000여 년의 역사를 입에서 입으로 전하면서 그것은 진실과 허구가 뒤섞인 이야기가 될 수밖에 없었다. 고대 그리스인들의 '히스토리아'에서 역사와 신화(미토스)가 뒤섞이게 된 것은 그 오랜 역사를 문자로 기록하지 못했기 때문이었다. 이것이 역사시대보다 이른 시기의 역사를 다룰 때 고고학 자료에 의존하는 이유가 된다.

에게해의 청동기

에게해는 현재의 그리스와 터키 땅 사이에 있는 바다를 지칭한다. 이곳은 바다와 섬을 중심으로 하여 여럿의 그리스 청동기 문화가 꽃피운 곳이다. 에게해의 청동기 문화의 중심이었던 미노스 문명, 키클라데스 문명, 미케네 문명은 각기 다른 문화적 색채를 지녔지만, 이들 모두는 후대에 고전 그리스 문화를 형성하는 토대가 되었다는 점에서 공통점을 지닌다. 에게해의 청동기는 서기전 3000년경부터 대략 이천 년 동안 지속된다. 이 시기에 제작된 건축물과 조각상, 공예품, 인장 등은 청동기의 에게해 사람들이 정교하게 발달된 문명과 화려한 미술 문화를 누렸다는 점을 보이는 중요한 증거이다.

그리스의 청동기 문명

먼저 이야기할 것은 키클라데스 문명이다. 키클라데스(Cyclades)라는 용어는 에게해의 중앙부터 자리한 여러 섬이 원형(kyklos)을 이루는 지역이라는 의미이다. 키클라데스 지역은 크고 작은 섬들이 징검다리처럼 촘촘히 위치한 까닭에 에게해를 여행하는 뱃사람들이라면 꼭 들르게 되는 곳이었다. 이러한 지리적 특징으로 낙소스(Naxos), 밀로스(Milos), 테라(Thera) 등의 섬을 중심으로 형성된 키클라데스 문명은 이 지역 섬 문화가 지닌 독특함과 더불어 주변의 문화를 수용하고 이를 자신들의 것으로 재탄생시키는 특징을 보였다.

에게해의 다른 청동기 문명들과 달리 키클라데스 문명에서는 일찍부터 대리석을 사용한 조각상이 나타났다. 실제로 낙소스와 파로스(Paros)와 같은 섬에서는 고대부터 이용된 채석장을 아직도 볼 수 있다. 청동기시대 키클라데스인들은 이 대리석을 이용해 다양한 인물상을 만들었다. 그 인물상들은 인체를 정교하게 표현하기보다는 도식적이고 추상적으로 형상화하여, 흰 대리석으로 얼굴에 코를 도드라지게 조각하고 몸통과 팔다리를 간결하게 조각한 것이 특징이다. 이것은 마치 현대 추상 조각 작품을 연상하게 할 정도의 현대적인 미의식을 드러낸다. 실제로 키클라데스의 인물상이 지닌 간결함과 추상성은 브랑쿠시(Constantin Brancus)나 모딜리아니(Amedeo Modigliani)와 같은 20세기 추상주의 대가들의 작품에 많은 영감을 주었다.

청동기 키클라데스 조각상

최근에는 기술의 발달에 힘입어서 키클라데스의 흰색 조각상에 대한 인식의 전환을 요하는 발견이 있었다. 촬영 기술의 발달로 흰색의 대리석 표면에 남겨진 안료의 흔적을 찾아낸 것이다. 이로써 청동기 키클라데스의 인물상의 본래 모습을 복원할 수 있게 되었는데, 복원된 인물상의 얼굴 표면에는 육안으로 볼 때는 도드라져 보이지 않았던 화려한 원색의 채색 흔적이 나타났다. 이로써 키클라데스 인물상을 대표하던 간결한 추상주의적 표현 방식에 대한 견해가 한 세기 만에 다시 변화하는 중에 있다.

키클라데스 지역에는 절벽처럼 깎아지는 경사면에 흰색과 푸른색으로 칠한 건축물로 이루어진 마을이 절경을 이루는 산토리니(Santorini) 섬이 위치해 있다. 본래 그리스인들은 이 섬을 '테라'라 이름으로 부르는데, 섬에 있는 '아기아 이리니(Αγία Ειρήνη)' 성당을 관광객들이 '산타 이레네(Santa

Irene)'라고 부르던 것에서 유래하여 현재의 '산토리니'라는 명칭으로 더 유명해졌다. 이 섬은 에게해를 대표하는 여행지이지만, 고고학자들에게는 에게해의 청동기에 관한 가장 직접적인 증거들을 제시하는 곳으로 더 잘 알려져 있다. 이 섬의 지형은 초승달과 같은 형태로, 섬의 서쪽이 가파른 경사면을 이룬다. 이 형태는 청동기의 끝자락인 서기전 15세기에 이 섬의 근처에 있던 화산에서 발생한 폭발로 인한 것이다. 이 화산 폭발은 그 위력이 엄청나서 섬의 지형을 완전히 바꾸었고, 섬에 있던 마을이 폭발로 발생한 화산재에 완전히 덮여 사라졌다. 마치 1500년 후에 이탈리아의 베수비우스(Vesuvius) 화산 폭발로 인하여 화산재에 뒤덮이게 된 폼페이(Pomepii)에서의 비극처럼 말이다.

테라 섬의 화산 폭발로 사라진 마을에 대한 진실은 1960년대 그리스 고고학자 스피리돈 마리나토스(Spyridon Marinatos)가 진행한 고고학 발굴에 의하여 밝혀졌다. 그는 섬의 남단에 위치한 아크로티리(Akrotiri) 지역에서 화산재에 뒤덮여 있던 청동기시대의 마을 하나를 그대로 찾아냈다. 화산재 속에서 발견된 마을에는 지상으로 이층 내지 삼층의 복층 구조물과 지하실을 갖춘 가옥이 즐비했고, 가옥의 내부는 이 섬 거주자들의 일상과 자연 풍경을 담은 화려한 채색의 벽화로 가득했다. 벽화에는 섬에서 벌어진 해상 교역이나 낚시를 하는 어부, 격투기를 하는 선수들을 비롯하여 섬 주변의 자연환경과 동식물이 밝고 경쾌한 색상으로 표현되어 있었다. 특히 꽃을 채집하는 젊은 여성들을 그린 벽화는 당시의 복식문화를 엿볼 수 있는 화려한 옷과 장신구가 인상적이다. 이 벽화 속 여성들의 자연주의적인 얼굴과 인체의 표현은 이 벽화를 그린 화가들과 그것을 향유한 이 섬의 사람들이 누렸던 미술 문화의 수준이 원시적일 것이라는 선사 미술에 대한 선입견을 깨기에 충분했다.

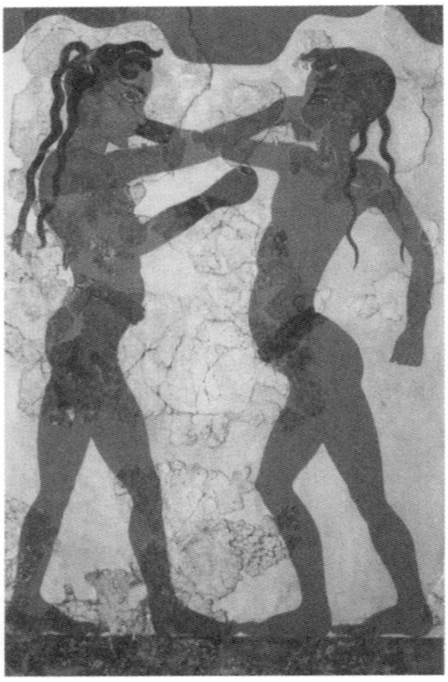

테라 섬의 아크로티리에서 발견된 벽화

테라 섬에서의 화산 폭발은 남쪽으로 100킬로미터 떨어진 크레타(Crete) 섬에도 영향을 미쳤다. 이 폭발은 크레타의 북단에 위치한 청동기시대의 가장 큰 궁전, 크노소스(Knossos)도 파괴할 정도였다는 사실이 고고학적으로 확인되었다. 크노소스 궁전은 20세기 초반 영국의 고고학자 아서 에반스 경(Sir Arthur Evans)이 발굴하여 세상에 드러난 청동기시대의 대표적인 유적으로 평가받는다. 여러 고고학자들 가운데 에반스 경은 이 지역을 사유지로 사들여 본격적인 발굴에 착수했다. 그는 궁전 터를 발견하고는 크레타에 있던 청동기시대의 문명이 존재했음을 확인하고, 이 섬의 전설적인 미노스(Minos) 왕의 이름을 따라 '미노스(Minos) 문명'이라는 이름을 붙였다. 그가 발견한 크노소스 궁전은 크레타의 청동기에 축조된 여러 궁전 가운데 가장 규모가 큰 궁전으로, 신화상에 등장하는 미노스 왕과 같은 강력한 통치력을 지닌 지도자가 이 섬에 존재했음을 보이는 증거이다.

미노스 대리석상

크노소스 궁전은 예배를 위한 신전을 비롯해 극장, 왕의 집무실, 창고, 화장실에 이르는 수십 개의 방과 복도, 계단이 여러 층에 걸쳐 위치해 있고 그 각각이 미로처럼 얽혀 있다. 청동기 중반에 크레타의 세력은 에게해를 장악하고 아테네까지 미쳤는데, 신화상에서는 크레타의 미노스 왕이 아테네에서 망명한 발명가이자 예술가였던 다이달로스(Daedalus)에게 미궁을 하나 짓도록 명했다고 전한다. 이 미궁에는 황소 머리에 사람의 몸을 지닌 미노타우로스(Minotaur)를 가두었는데 그곳은 '라비린토스(Labyrinth, 미로)'라고 불렸다. 발굴된 궁전의 규모나 신화상의 이야기는 이 크노소스 궁전이 바로 신화에 등장하는 미노스 왕의 미궁일 것으로 여길 만한 정황들을 제시하지만, 궁전 내부에서는 '미노스' 왕의 이름을 가리키는 인장이나 문자는 아직 발견되지는 않은 상태이다.

크레타의 세력이 아테네까지 미쳤을 정도로 강력했다는 것은 신화상에서도 드러난다. 아테네의 전설적인 영웅인 테세우스(Theseus)가 미노타우로스에게 희생물로 바치려고 크레타로 보내진 아테네의 젊은이들을 구한 이야기가 그것이다. 신화에 따르면, 미노스 왕의 아내였던 파시파에(Pasiphae)가 낳은 미노타우로스를 수치스러워한 미노스 왕은 그 괴물을 미궁에 가두고 아테네인들이 바치는 일곱 명의 처녀와 일곱 명의 총각을 먹이로 주었다. 당시 아테네의 왕이었던 아이게우스(Aegeus)의 아들 테세우스는 희생물이 될 청년들 사이에 포함되길 자청하여 크레타로 배를 타고 떠났다. 크레타에 도착한 테세우스는 그에게 반한 미노스 왕의 딸 아리아드네(Ariadne)가 건넨 실타래를 받아서 길을 잃지 않고 미궁으로 들어갔다. 결국 테세우스는 미노타우르스와 싸워 그를 처단하고, 아테네의 젊은이들과 미궁을 무사히 빠져나왔다는 이야기는 아테네가 크레타의 영향력에서 벗어나게 된 사실을 상징적으로 전한다.

실제로 크노소스 궁전에서는 이곳이 전성기에 달했던 시기에 제작된 값진 금은 세공품과 상아 조각상을 비롯하여 궁전의 내벽을 장식한 화려한 벽화 등이 다수 발견되어 미노스인들이 누렸던 화려한 물질문화를 엿볼 수 있다. 청동기 말기에 테라 섬의 화산 폭발 이후로도 크노소스의 기능은 유지되었지만 곧 이어지는 외세의 침략으로 완전히 파괴되었다. 궁전에서는 미케네 문명의 도시들에서 발견되는 것과 동일한 선문자B가 발견되어 그 외부 세력이 미케네인들이었을 것이라는 주장이 설득력을 얻는다.

미케네(Mycenae) 문명은 앞선 두 문명에 비하여 상대적으로 늦게 발달했으나, 에게해의 청동기시대에서 벌어진 유명한 역사적 사건과의 관련성으로 유명하다. 바로 '트로이 전쟁'에 참여한 그리스 진영의 수장인 아가멤논(Agamemnon)이 바로 미케네의 왕이었기 때문이다. 19세기 후반 독일의 고고학자 하인리히 슐리만(Heinrich Schliemann)이 발견하면서 세상에 드러난 미케네의 성채는 그리스와 유럽의 역사를 바꾼 사건으로 기억된다. 이미 트로이(Troy)에서의 발굴에 성공한 슐리만은 이어서 미케네를 발굴함으로써 신화와 문학에만 존재한다고 여겨지던 트로이 전쟁이라는 사건을 역사의 반열에 올려놓았다. 그의 발견은 그리스의 역사를 한층 더 오랜 과거로 거슬러 올라가게 했고, 이는 그리스와 유럽의 역사를 다시 쓰게 했다.

미케네의 황금 유물

미케네 성채의 중앙 출입구를 장식한 '사자 문(Lion Gate)'은 당시 미케네의 지배자가 누렸던 강력한 권력을 암시하는 듯이 여전히 그 입구를 지나는 관광객들을 내려다본다. 거대한 거석으로 둘러싸여 있는 성채는 미케네의 지배자가 누렸던 강력한 세력을 단적으로 보여 준다. 미케네 문명에서 축조된 성채 내부는 청동기시대의 다른 지역의 건축물들과 마찬가지로 벽화로 장식되었는데, 미케네의 벽화는 주로 전쟁이나 사냥과 관련된 주제가 많이 그려졌다는 점에서 키클라데스나 크레타에서 발견된 벽화와 차이가 있다. 이는 호메로스의 『일리아스』에서 미케네의 왕 아가멤논이 지닌 호전적인 성격을 그대로 드러낸다. 미케네의 왕족이 지녔던 상무적인 성향은 금과 은으로 정교하게 상감 장식한 청동 칼과 무구들을 비롯하여 통해서도 드러난다.

역사 시대와 알파벳의 사용

미케네 문명을 끝으로 에게해의 청동기가 막을 내리고 그리스에는 '암흑기'로 일컬어지는 시기가 찾아온다. 이 시기는 당대의 그리스인들의 삶을 재구성할 수 있는 고고학적 자료가 거의 남아 있지 않아서 사실상 역사의 '암흑기'라기보다는 고고학자들의 '암흑기'라 할 수 있다. 이 시기를 거치고 그리스는 역사 시대(historic era)에 들어선다.

알파벳이 도입되고도 한동안은 그리스인 사이에서 문자의 사용은 제한적이었고, 그 전파 속도도 결코 빠르지 않았다. 전통적으로 그리스에서는 구술 문화(oral culture)가 강하게 유지되고 있었고, 가장 발달된 도시 문화를 꽃피웠던 아테네에서도 문자의 사용이 확대되고 일상에서 읽기와 쓰기가 쓰임새가 커진 것은 알파벳이 생성되고 300년 정도가 지나서였다. 대부분의 고대 사회에서 문자로 기록된 지식과 정보는 식자층이나 지배 계층의 전유물이었다. 이러한 특징은 중세까지도 유효했다. 그런데 놀랍게도 예술가들이 문자가 도입된 초기부터 문자를 적극적으로 사용한 부류들 가운데 하나였다. 그들은 문자를 습득하여 단어나 짧은 문구를 작품에 남겼다. 육체노동자로 간주되어 상대적으로 사회의 저층에 속하던 고대 예술가들이 그리스 알파벳이 나타난 초기부터 문자를 사용했다는 점은 무척이나 흥미로운 현상이다.

그리스어와 같은 표음문자의 특성상 해당 언어를 말로 구사할 수 있는 사람이라면, 알파벳만 습득하고 그것을 표기하는 일에 특출한 지적 능력이 필요한 것은 아니었다. 이 점은 한글 자모음을 습득한 외국인이 몇 시간 만에 한글을 소리 내어 읽거나 쓰는 것이 가능하다는 점을 생각해 보면 쉽게 이해가 된다. 표음 문자의 이러한 특징을 '민주적'이라고 평가한 것은 지식

과 기록의 보편화가 가능하게 한 고대 그리스인들의 업적과도 동떨어져 생각할 수 없을 것이다.[63]

실제로 그리스 알파벳이 기록된 가장 이른 사례는 한 술병(oinochoe)의 표면에서 확인된다. 이 술병은 아테네의 경계에 위치한 주요한 출입문이었던 디필론(Dipylon) 근처의 한 무덤에서 출토된 것으로, 그리스 알파벳이 등장과 가까운 서기전 740-730년경에 제작된 것이다. 이 술병은 전체적으로 수평의 가늘고 굵은 여럿의 띠가 그려져 있는데, 이는 당시의 다른 도기들에서도 발견되는 일명 '기하학 양식(geometric style)'이라 불리는 장식 패턴의 전형적인 형태이다. 이 술병에서 시선을 끄는 것은 검은색으로 채색된 도기의 상단에 끝이 뾰족한 것으로 새겨진 글이다. 이 글은 그리스 알파벳이 남겨진 가장 오래된 사례로 여겨지는데, "그는 모든 춤추는 자 가운데, 가장 잘 춘다"라고 해석된다. 이 술병과 그 내용물은 춤 경연 대회의 우승자에게 주어진 상이었거나 이 술병에 담긴 술을 다 마시게 되면 누구든 춤을 추게 될 것이라는 주술적인 의미로 여겨질 수 있다.

이와 비슷하게 주술적인 의미로 글이 사용된 사례가 있다. 아테네에서 멀지 않은 테베(Thebe)에서 출토된 서기전 7세기 전반의 한 청동상이 그것인데, 이 조각상에 새겨진 글은 당대 그리스인들의 종교관과 신에 대한 태도를 엿보는 중요한 자료이다. 좁은 이마에 큰 눈, 역삼각형의 얼굴과 상체로 대표되는 '다이달로스 양식(Daedalic Style)'의 이 청동 인물상의 허벅다리 표면에는 '만디클로스가 나를 은화살을 지닌 멀리 쏘는 자에게 십일조로 바쳤다. 따라서 포이보스(Phoibos, 아폴론의 별명)는 그 대가로 좋은 선물

---

63 월터 옹, 『구술문화와 문자문화』, 이기우 외 역(서울: 문예출판사, 1995), p.146-7. 김혜진, 「아테네의 공공 기록 속 문자와 형상 - 고전기 아테네의 기록 부조(document reliefs)의 사례를 중심으로」, 연세대학교 인문과학연구소 『인문과학』 110호(2017), pp.133-164, esp.134.

을 보장한다'라고 새겨져 있다.

위의 문구에서 조각상은 스스로를 '나'로 지칭하면서 이 봉헌물을 건네는 인간과 그것을 받는 신—여기서는 아폴론—과의 사이에서 종교적 거래를 중재하는 역할을 한다. 만약 이 문구가 새겨져 있지 않았다면 이 조각상이 봉헌이라는 목적으로 제작되었고, 봉헌한 사람은 누구였는지, 어떤 신에게 봉헌되었는지에 대한 정보는 전혀 알 수 없었을 것이다. 그리스의 예술가와 그의 예술품을 구매하는 소비자는 문자와 이미지가 결합했을 때 의미 전달력이 배가 된다는 점을 인지하고 이를 적극적으로 활용했다.

예술품에 남겨진 문구나 글이 그것을 이해하는 중요한 단서로 사용되는 사례로 예술가의 '서명(signature)'을 꼽을 수 있다. 고대 그리스에서 일부의 예술가는 자신의 작품에 서명을 남겼다. 이는 중세나 근대에 예술가들이 익명에 가려져 있던 것과 비교하면 매우 이례적이다. 고대 그리스 예술가들은 단순히 작가의 이름을 적는 것이 아니라 '-가(나를) 만들었다' 또는 '-가(나를) 그렸다'는 형식을 취하여 서명을 남겼다. 고대 그리스 예술가들이 남긴 서명은 현대 작가들의 서명과는 다른 형식과 기능을 지녔지만, 미술품의 제작자에 대한 정보를 제공한다는 점에서 크게 다르지 않다. 가장 이른 시기에 남겨진 예술가의 서명은 이탈리아의 피테쿠사이(Pithekoussai)에서 출토된 그리스의 항아리(krater) 파편에 나타난다. 여기에는 오른쪽에서 왼쪽 방향으로 "-이노스가 나를 만들었다(…… ΙΝΟΣ ΜΕ ΠΟΙΕΣΕ[Ν])"는 문구가 그리스어로 적혀 있다. 예술가의 이름이 온전히 남아 있지는 않지만, 그 형식을 통하여 이것이 이 도기를 만든 그리스인 예술가의 서명임을 확인할 수 있다.

이탈리아의 카에레(Caere)에 위치한 고대 에트루리아인들의 무덤에서 출토된 한 그리스의 항아리에도 '아리스토노토스(Aristonothos)가 만들었다'는 서명이 그리스어로 남겨져 있다. 흥미로운 것은 이 도기 화가의 이름이다. 이 이름은 '아리스토(aristo-)'와 '노토스(nothos)'가 결합된 것으로, 그 각각을 해석하면 '고귀한 서자(noble bastard)'라는 의미이다. 두 개의 어울리지 않은 단어를 조합하여 만든 이 이름은 실제 예술가의 이름이 아니었을 가능성이 크다.[64] 왜 도기 화가는 거짓으로 서명은 남긴 것일까? 이 상황을 이해할 수 있는 단서는 도기화에 그려진 그림에서 찾을 수 있다.

도기의 한쪽 면에는 트로이 전쟁이 끝나고 고향인 이타카(Ithaca)로 돌아가기 위해 항해 중이던 영웅 오디세우스(Odysseus)와 그 일행이 한 섬에서 외눈박이 거인 폴리페모스(Polyphemus)에게 잡혀 곤혹을 치른 사건을 묘사한다. 오디세우스와 일행은 이 외눈박이의 동굴에 갇혀 생명을 잃을 위기에 처한다. 이때 꾀가 많은 오디세우스가 거인을 꾀어 포도주에 취하게 만들고는 거인이 잠든 사이에 불에 달궈진 나무막대로 거인의 눈을 찔러 앞을 보지 못하게 한다. 오디세우스의 기지 덕분에 일행은 무사히 동굴을 탈출하여 서둘러 섬을 떠난다. 그때 거인이 자신의 눈을 멀게 한 인간에게 이름을 묻는데, 이때 오디세우스는 자신의 이름을 속이고 '아무도(οὔτις)'라고 알려 준다. 그래서 거인은 누가 눈을 멀게 했냐는 형제들의 질문에 "내 눈을 멀게 한 것은 아무도 아니야"라고 답하게 된다. 이 도기 화가는 그리스 문자를 읽을 줄 모르는 에트루리아 지역의 소비자에게 팔릴 도기에 거짓의 이름을 적어 놓고는 오디세우스처럼 지중해를 여행하는 영웅이 되는 상상을 했던 것은 아니었을까? 고대 그리스의 예술가들은 도기와 조각상을 만드는 일에 그치지 않고, 그 작품에 새로운 의미를 만들고 전달하는

---

64 Vesia Izzet, "Purloined letters: the Aristonothos Inscription and Krater." in Greek Identity in the Western Mediterranean: Papers in Honour of Brian Shefton, eds. Brian Benjamin Shefton and Kathryn Lomas(Leiden: Brill, 2004), pp.191-210.

수단으로 문자를 사용했다.[65] 문자가 적힌 그리스의 미술품은 예술가와 그것을 소유하는 사람을 연결하는 소통의 창구였다. 비록 그 내용이 속임수였을지라도 말이다.

그리스 조각은 흰색이 아니다

반투명에 가까운 영롱한 순백의 빛을 반사하는 대리석 조각상과 건축물은 서구의 고전 고대(classical antiquity)를 연상시키는 대표적인 이미지이다. 고전 고대에 대한 유럽인의 관심이 고조되던 13세기부터 고대 조각은 백색의 대리석상으로 인식되었다. 당시에 유럽인들이 보았던 고대 그리스의 조각상들에서는 채색의 흔적이 이미 사라진 상태였기 때문이다. 그러나 18세기 후반부터 본격적으로 이뤄진 이탈리아와 그리스에서의 고고학 발굴은 고대 조각과 건축물의 색상에 대한 인식의 변화를 가져오게 했다. 특히 오스만제국에 점령된 18세기 그리스를 다녀간 유럽의 여행자들이 그리스를 여행하며 남긴 채색된 건축과 조각상의 스케치가 유럽 세계에 고전 조형물의 채색에 대한 관심을 이끄는 데에 있어서 중요한 역할을 했다. 그리스 미술이 다양한 색상으로 채색되었다는 주장은 이탈리아와 그리스에서 찾은 고고학 증거와 문헌을 통하여 뒷받침되어 왔음에도, 근래까지도 고대 조각의 색상에 대한 생각의 전환은 쉽게 이루어지지 않았다. 유럽의 주요 박물관과 컬렉션에서 볼 수 있는 대부분의 유명한 고대 조각상들은 본래의 색을 잃은 흰 대리석상의 모습이기 때문이다.

---

65 김혜진, 「그리스 미술 속 문자: 서기전 8세기와 7세기의 조각과 도기를 중심으로」, 『서양미술사학회논문집』 43권(2015), pp.63-88.

고대 그리스에서는 조각가의 작업이 끝난 후에 화가가 조각에 채색을 입혔다는 증거가 확인된다. 그중에서 서기전 5세기 말에 활동한 에우리피데스(Euripides, 서기전 480-406년)의 비극『헬레네(Helene, 기원전 412년 초연)』는 채색된 조각상에 대한 고대 그리스인들의 인식을 드러내는 중요한 단서이다. 헬레네는 자신을 되찾기 위해서 그리스인들과 트로이인들이 수년간의 긴 전쟁을 치르게 된 상황을 한탄하며 다음과 같이 읊조린다.

> 그래요, 내 인생과 내 운명은 정말 해괴망측해요.
> 그 일부는 헤라에게, 다른 일부는 내 미모에 책임이 있어요.
> 아아, 내가 조각상처럼 도로 지워져
> 미모 대신 추한 모습을 가질 수 있다면![66]

여기서 헬레네가 아름답지 않은 것을 비유로 삼은 대상이 채색이 지워진 조각상이었다는 점은 에우리피데스의 비극이 상연된 시대에 채색된 조각상이 아름다운 것으로 간주되었다는 사실을 반증한다. 이러한 문헌적 증거에도 불구하고 고대 그리스 조각상에 대한 백색의 신념은 지난 2000년간 견고히 유지되어 왔다. 그러나 20세기 후반에 들어서 다양한 학제 간 연구와 과학기술의 도움으로 서양의 고전 고대 조각과 건축물에서 채색의 흔적을 찾게 되었다. 특히 1980년대 이후로 독일, 프랑스, 그리스, 이탈리아 등을 중심으로 고대의 조각과 건축물에서 채색의 흔적을 찾는 연구에 상당한 진전이 있었다. 고대 조각상의 채색에 대한 논의에서 괄목할 만한 성과가 나타난 것은 자외선을 이용한 촬영 기술의 발달로 고대 조각에 남겨

---

66 에우리피데스,「헬레네」,『에우리피데스 전집 2』, 천병희 역(서울:숲, 2009), p.29에서 일부 수정.

진 채색의 흔적을 추적할 수 있는 길이 열리면서부터였다. 특히 독일의 고고학자들은 아르카익 시기의 조각상을 중심으로 채색의 흔적을 분석하고 복원상을 제작해 고대 조각상 본연의 모습을 추정하는 데에 기여하고 있다.[67] 아크로폴리스의 '페르시아인 기마상(Persian Rider)'으로 알려진 조각상이나 '페플로스 코레(Peplos Kore)', '알렉산드로스 석관(Alexander Sarcophagus)' 등에서는 육안으로는 드러나지 않았던 색상을 신기술을 통해 복원했고, 고대의 조각가들이 조각 작업과 회화 작업을 동시에 활용했다는 사실을 확인했다.

발굴되는 과거

고대 그리스 문명은 '고전'이라는 이름으로 불리며 지난 2500년간 유럽과 서구 문화의 정수로 평가받았다. 철학과 역사, 문학, 종교, 예술, 의학, 과학, 체육 등 인류의 지적인 성취물의 상당 부분이 그리스를 그 기원으로 한다는 점에서 고대 그리스 문명은 아직도 그 생명력을 잃지 않고 지속적으로 회자된다. 너무 많이 이야기해서 더 이상 새로울 것이 없을 것 같은 것이 고전이라지만 고전은 변화하는 시대에 따라서도 계속하여 변화된 모습으로 나타나고 있다. 한국을 비롯한 전 세계의 극단이 2500년 전에 아테네에서 상연된 그리스의 비극이나 희극을 지금도 공연한다는 사실은 고전이 지닌 시대 초월적이고 인류 보편적인 가치를 상징적으로 드러낸다. 그리고 그리스 고고학은 미술과 건축 분야에서 고전이 지닌 생명이 더욱 극적으로

---

67 Vinzenz Brinkmann (ed.), Bunte Gotter. Die Farbigkeit antiker Skulptur (Berlin: Amtikensammlung Staatliche Museen, 2010).

잘 드러낸다. 그리스 고고학은 더 이상 새로운 작품을 제작할 수 없는 고대 그리스의 미술품이나 건축물과 같은 물질문화의 새로운 증거를 찾아내고 이를 해석하는 작업이기 때문이다.

현재 그리스 곳곳에서 동시다발적으로 벌어지는 고고학 발굴 가운데 그리스 북부에 있는 고대 암피폴리스(Amphipolis)에서 발견된 거대한 봉분은 가장 인상적인 발견으로 평가된다.[68] 2012년부터 그리스 고고학자 카테리나 페리스테리(Katerina Peristeri)가 주도하는 이 봉분은 직경 158미터에 달하는 거대한 원형의 무덤으로 그리스에서 전례가 없는 큰 규모로 주목을 받았다. 그리고 이곳에서 발견된 조각상과 모자이크의 분석을 통해 봉분이 축조된 시기가 서기전 4세기라는 점이 확인되면서 더 큰 관심을 불러일으켰다. 이 시기는 바로 전설적인 알렉산드로스 대왕으로 대표되는 그리스 북부의 마케도니아가 그리스와 지중해에서 그 세력을 떨치던 때라서, 알렉산드로스 대왕이 활동하던 당대의 역사와 미술을 대표할 수 있는 새로운 단서들이 나타날 길이 열렸기 때문이다. 이처럼 고대 그리스의 문화와 이를 시각적으로 보여 주는 조형 예술은 서구 문명의 고전적 가치를 담아내는 동시에 새로운 고고학적 자료의 발굴을 통하여 새로운 생명력을 이어가고 있다.

---

68 김혜진, 「고대 암피폴리스의 카스타 봉분의 발굴에 관한 논평」, 『고대서양사연구』 39권(2014), pp.287-293.

[참고문헌]

김혜진, 「고대 암피폴리스의 카스타 봉분의 발굴에 관한 논평」, 한국서양고대역사문화학회지 『고대서양사연구』 39권(2014), pp.287-293.

김혜진, 「그리스 미술 속 문자. 서기전 8세기와 7세기의 조각과 도기를 중심으로」, 서양미술사학회 『서양미술사학회논문집』 43권(2015), pp.63-88.

김혜진, 「아테네의 공공 기록 속 문자와 형상 - 고전기 아테네의 기록 부조(document reliefs)의 사례를 중심으로」, 연세대학교 인문과학연구소 『인문과학』 110호(2017), pp.133-164.

에우리피데스, 「헬레네」, 『에우리피데스 전집 2』, 천병희 역(서울: 숲, 2009).

월터 옹, 『구술문화와 문자문화』, 이기우 외 역 (서울: 문예출판사, 1995).

Brinkmann, Vinzenz (ed.), *Bunte Gotter. Die Farbigkeit antiker Skulptur* (Berlin: Amtikensammlung Staatliche Museen, 2010).

Izzet, Vesia. "Purloined letters: the Aristonothos Inscription and Krater." in *Greek Identity in the Western Mediterranean: Papers in Honour of Brian Shefton*, eds. Brian Benjamin Shefton and Kathryn Lomas (Leiden: Brill, 2004).

이탈리아 르네상스와 문예부흥

_조문환(한국외국어대학교 이탈리아어통번역학과 교수)

르네상스

르네상스 시대에 접어들면서 인간적인 고민들이 생겨나게 되었다. '나는 어떤 존재인가', '내 삶의 의미는 무엇인가', '나의 인간적 감정은 종교적 윤리관에 위배되는 것인가'와 같은 자아 성찰이 그것이다. 이러한 고민들로부터 종교적 가치에 갇혀 있던 중세가 서서히 막을 내리고 이제 모든 인간의 존엄성과 자율성이 최고의 가치로 부각되는 시대가 도래했다.

르네상스는 13세기 후반 이탈리아에서 시작되어 2세기 동안 이탈리아인의 정신을 지배한 문화 혁명으로서 15세기 이후에는 북유럽에 이르기까지 지대한 영향을 미쳤다. '르네상스'란 '재생', '부활'의 의미로, 19세기 중반 프랑스의 쥘 미슐레(Jules Michelet)가 유럽 문화의 새로운 시대를 이르기 위해 공식적으로 처음 사용한 용어이다. 그러나 '르네상스'란 용어 자체는 몇몇 이탈리아인이 그 이전 시대에 이미 언급한 바 있다. 15세기에 레오나르도 브루니(Leonardo Bruni)는 크세노폰, 아리스토텔레스, 플라톤, 플루타르코스의 글을 그리스어에서 라틴어로 번역하면서 고대 학문의 '부활'을 언급했고, 16세기에 조르지오 바자리(Giorgio Vasari)는『최고의 화가, 조각가, 건축가들의 삶(Vite de' più eccellenti pittori scultori et archititetti)』에서 '재생(rinascita)'이란 단어를 언급한 바 있다. 오늘날의 현대인들은 '새로운 의식의 전환', '화려한 옛 시절의 부활'을 표현하고자 할 때 '르네상스'란 멋진 용어를 문구에 붙이길 좋아한다.

재생과 부활의 대상은 화려했던 고전 시대였으니 당대의 휴머니스트들은 모두 고대 그리스와 로마 문화의 재발견을 위해 노력했다. 문학, 언어, 예술 분야에서 그러한 움직임이 시작된 만큼 '르네상스'를 이야기할 때 우리는 '인문주의자(humanist)' 내지는 '문예부흥(Rinascimento)'이란 용어를 만나게 된다.

종교와 신이 인간의 모든 정신세계를 지배하던 중세와 대비되는 개념으로서 르네상스를 언급한 사람은 19세기의 역사가 부르크하르트(Burckhardt)이다. 그는 자신의 저서『이탈리아 르네상스의 문화』에서 르네상스를 근대 유럽과 개인주의의 출발로 보고 있다. 부르크하르트는 소국으로 분리되어 전쟁과 반역이 팽배하고 지배자들이 불법적 권력을 찬탈하여 유지하던 중세와 달리 르네상스를 인간성의 해방, 인간의 재발견, 신으로부터 벗어나 합리적으로 사고하기 시작한 시대로 규정하면서 객관적 성찰과 근대적 개인을 언급하고 있다.

그러나 르네상스가 중세의 세계관에 정면으로 배치되는 문화적 혁명 운동이기는 했으나 중세와 완전히 분리되는 근대적 운동일 수 있는가의 문제를 두고 역사가들 사이에 여러 이견이 여전히 대립하고 있다. 사실 르네상스 시대는 획기적인 사고의 전환에도 불구하고 여러 어두운 면이 공존했다. 우리가 알고 있는 아름답고 획기적인 르네상스는 주류 엘리트만이 향유했던 문화였고 서민들에겐 마술과 미신이 전부였다. 사회적으로는 페스트가 창궐하고 당파 싸움과 전쟁, 약탈과 혼란이 이어졌으며 비정한 국제정치 속에서 로마의 약탈[69], 조르다노 브루노의 화형[70], 사보나롤라의 처형[71]이 있던 시대였다. 또한 게르만 학자들이 주장하듯이 이미 중세 카롤링거 시대에도 고대 로마의 부활 운동[72]은 전개된 바 있다.

이렇게 르네상스가 중세의 세계관을 비판·부정한 근대의 첫 출발이냐 아니면 중세의 진화 내지 과도기이냐의 문제를 놓고 끊임없는 논쟁이 있을지라도 르네상스를 태동시킨 이탈리아의 문학과 예술을 자세히 살펴본다면 전 시대와는 확연히 구별되는 문학과 예술의 부흥을 보게 된다.

이탈리아와 르네상스

Quant'è bella giovinezza,	젊음, 얼마나 아름다운가,
che si fugge tuttavia!	하지만 도망치지!
Chi vuol esser lieto, sia:	기쁘고 싶은 자, 즐겨라:

---

69 신성로마제국의 황제 카를 5세의 영향력 확대를 막기 위해 프랑수아 1세를 위시한 코냐크 동맹군이 결성됨. 1527년, 카를 5세가 로마로 진군하자 교황 클레멘스 7세가 산탄젤로 성으로 피신하게 되면서 교황의 권위가 땅에 떨어진 사건. 이 사건으로 교회의 재산과 르네상스의 수많은 예술품이 파괴되고 많은 사람이 학살되었다.

70 당시 기독교적 세계관에서 볼 때 이단으로 여겨지던 '우주의 무한성(우주는 무한하며 태양은 한 행성에 불과하다는 것)'을 주장하다 화형에 처해졌다.

71 도메니코 수도회의 설교사였던 사보나롤라는 공화주의자이자 자유 신봉자로서 메디치가와 교회의 타락을 비판했다가 피렌체 대중으로부터 외면당하고 교황 알렉산드르 6세로부터 파문을 당해 결국 화형에 처해졌다.

72 8세기 말 프랑크 왕국의 샤를마뉴 대제는 서로마제국의 정통성을 이어받기 위해 고대 로마의 문화 부활을 기치로 내걸었는데 우리는 이를 이후의 르네상스와 구별하여 '카롤링거 르네상스'로 부른다.

di domani non c'è certezza.　　　　내일은 알 수 없으니.[73]

그리스 신화 속 아리안나(크레타섬의 왕 미노스의 딸)와 바쿠스(포도주와 사랑의 신)를 소재로 현실과 젊음의 허무함을 노래하는 메디치가의 로렌초(Lorenzo de' Medici, 1449-1492)의 위 시 구절은 그의 영혼의 세계를 잘 보여 준다. 그의 문학 작품들은 인간 실존의 진정한 의미에 관한 침잠의 명상, 현세적 기쁨의 허무함 그리고 멜랑콜리로 점철되어 있고, 문학에 투영된 그의 영혼의 모습은 진정한 르네상스인임을 증명하고도 남는다. 메디치가의 로렌초를 배제하고 이탈리아 르네상스를 이야기할 수 없는데 이는 로렌초가 정치가이자 상인이었을 뿐만 아니라 진정으로 문예를 사랑한 문화인이었기 때문이다. 문화에 심취했던 로렌초는 문학인과 예술인을 후원함으로써 자신의 시민들에게 피렌체 번영의 시대를 열어 줬다. 이후 로렌초에게는 위대한(magnifico)이란 수식어가 붙게 되었으며 이탈리아인들은 그를 '위대한 로렌초(Lorenzo il magnifico)'라 부르게 되었다.

구이치아르디니(Guicciardini)[74]는 로렌초 데 메디치하의 피렌체가 완전히 평화로웠고 시민들은 단합되었으며 그의 권위가 막강하여 그 누구도 반대하지 않았다고 한다. 또한 사람들이 매일같이 야외극과 축제를 즐겼고 모든 교역이 번성했으며 재능 있고 유능한 이들이 예술과 문학으로 출세하고 도시는 명성이 높아 모든 영예를 누렸다고 설명한다.

메디치가는 상업, 금융, 부를 기반으로 전제군주처럼 피렌체를 지배했

---

73 『바쿠스와 아리안나의 승리(Trionfo di Bacco e Arianna)』의 한 구절

74 구이치아르디니는 르네상스기의 문학인으로서 메디치가 및 마키아벨리와 친분을 맺고 있었으며 자신의 논평 『이탈리아사(Storia d'Italia)』를 통해 1492-1532년의 피렌체 상황을 상세히 적고 있다.

고 로렌초 일 마니피코의 시대에는 인문학, 조각, 회화, 건축, 경제, 금융, 정치, 외교 분야에서 피렌체를 정점에 올려놓았다. 메디치 가문의 마지막 후손인 안나 마리아 루이사(Anna Maria Luisa de Medici, 1667–1743) 또한 기억할 만하다. 선대의 문화재를 피렌체 밖으로는 절대 유출해서는 안 된다는 조건으로 피렌체의 유산들을 토스카나 정부에 기증함으로써 피렌체가 오늘날의 문화도시로 있게 하는 데 결정적인 기여를 했다.

메디치가의 권력이 정점에 이르렀던 15세기 피렌체는 르네상스의 황금기를 주도했다. 당시의 이탈리아 반도는 여러 도시국가(제노바 공화국, 시에나 공화국, 루카 공화국, 사보이아 공국, 페라라 공국[75])와 신성로마제국 황제들의 영지들을 포함하고 있었지만 르네상스 시대에 정치적으로 영향력 있는 5개 국가를 꼽는다면 피렌체 공화국, 밀라노 공화국, 베네치아 공화국, 로마 교황령, 나폴리 왕국이 그것이다.

이들 지역에서는 문예부흥을 장려하고자 했던 핵심 권력자들이 르네상스를 견인하는 데 이들이 없었다면 이탈리아의 르네상스는 발생되지 못했을 것이다. 피렌체에는 상공업을 기반으로 부를 축적하고 실질적 권력을 획득하여 수많은 예술가를 후원한 메디치 가문이 있었고, 밀라노에는 비스콘티 가문과 레오나르도 다 빈치를 후원한 스포르차 가문이 있었다. 베네치아에서는 통치자 도제(doge)가 문예를 후원했으며 교황령 국가의 교황 또한 세속 군주처럼 행동하면서 미켈란젤로 같은 예술가들을 직접 후원함으로써 문예부흥을 이끌었다. 반면 나폴리 왕국은 외세, 즉 프랑스의 앙주가와 스페인의 아라곤 왕가의 지배를 받으면서 봉건사회에 머물러 르네상스를

---

75 국민의 직접선거 혹은 간접선거를 통해 선출된 자가 국가를 운영하는 공화국(Repubblica)은 공작(duca)의 직위를 가진 한 사람이 지배하는 공국(Ducato) 내지 한 사람의 세습 군주가 지배하는 군주국(monarchia)과 차이가 있다.

경험하지 못했다.

이탈리아는 고대 로마의 전통이 강하게 남아 있던 곳으로서 십자군 원정을 통해 도시가 활성화되었고 일찍이 도시국가가 형성되어 시민 문화가 발전했다. 무역과 상공업의 발달로 막강한 경제력을 보유했으며, 십자군 전쟁을 거치면서 이슬람의 철학과 사상을 접했고, 비잔틴과의 교류로 동방과의 무역은 물론 동방의 학자와 예술인들을 통해 그들의 지식과 문화를 확장할 수 있었다. 이렇게 형성된 막강한 '부(권력 혹은 힘)'와 '열린 사고'는 르네상스를 태동시킨 진정한 힘이었다.

이탈리아 르네상스의 언어, 문학, 예술

5세기 말 서로마제국이 멸망한 이후 라틴어는 여러 언어로 갈라져 더 이상 쓰이지 않게 되었다. 기원전 1세기에 표준화를 이뤘던 라틴어[76]는 일반 대중과는 관계가 먼 엘리트 계층의 언어였을 뿐만 아니라 지역별로 발음이 점차 달라져 일군의 언어들로 분리되는데 이 언어들을 우리는 '로망스어' 혹은 '신라틴어'라고 부른다. 현재의 이탈리아어, 프랑스어, 스페인어, 카탈루냐어, 포르투갈어, 루마니아어는 이러한 로망스어로부터 유래한다.

신라틴어에서 유래하여 이탈리아 반도 내에서 쓰이게 된 수많은 중세의 이탈리아어를 '이탈리아어 속어'라는 명칭으로 부르는데 그 언어들 간에도 언어적 차이는 상당했다. 라틴어는 사어가 된 지 오래였지만 엘리트 계층의 사람들은 라틴어를 불멸의 문학성을 지닌 언어로 여겨 공식 문서들에서

---

76 기원전 1세기의 '고전 라틴어'는 오라치오, 비르질리오, 리비오 같은 시인들의 언어를 시어의 모델로, 치체로네, 체사레 같은 수필가들의 언어를 산문어의 모델로 한 '표준 라틴어'이다.

라틴어만을 사용했다. 이렇게 견고한 라틴어 사이로 최초의 속어가 문서에 등장한 것은 9–10세기[77]에 이르러서였다.

이후 프로방스 지역에서는 오크(l'oc)어로 쓴 사랑의 시가 유행하게 되는데, 당시 시칠리아를 지배하던 스베비아 왕가의 페데리코 2세가 이 시들을 접하고 자신의 궁정으로 이탈리아 여러 지역의 문학인들을 불러 모아 프로방스 시를 모방한 '시칠리아어로 시 쓰기'를 후원했다. 이로 인해 시칠리아 왕국에서는 '불멸의' 라틴어가 아닌 '허접한' 속어로도 문학이 된다는 사실을 깨닫기 시작했다. 그러나 이 왕국은 오래지 않아 곧 패망한다. '속어로 글쓰기'의 전통은 이후 전사가들에 의해 시칠리아에서 토스카나 지역으로 옮겨지게 되고 속어 문학은 결국 토스카나에서 꽃피기 시작한다.

14세기경 이탈리아 르네상스의 3대 문인으로 불리는 단테(Dante), 페트라르카(Petrarca), 보카치오(Boccaccio)가 등장하여 중세까지 이어져 온 라틴어의 문학성에 도전한다. 이들은 모두 라틴어의 신봉자들[78]이었음에도 불구하고 이탈리아어 속어로 명작을 써 라틴어에 뒤지지 않는 속어의 문학성을 구현해 낸 위대한 문인으로 평가된다. 단테는 자신의 글『속어에 관하여(De vulgari eloquentia)』에서 이탈리아 각 지역 속어들의 장단점을 연구해 본 결과 볼로냐어와 시칠리아어 정도를 빼면 문학적으로 가치 있는 속어는 없다고 혹평을 내리기도 했다. 그러나 모순적이게도 속어로 쓴 작품『신

---

77 최초의 속어 공식 문서는 프랑스어 속어로 쓰여진 842년의 '스트라스부르크 맹약(Giuramento di Strasburgo)'이다. 이탈리아어 속어 최초의 공식 문서는 960년의 '카푸아의 계약서(Placito capuano)'이다.

78 단테는 자신의『속어에 관하여』에서 라틴어는 지식인의 언어이고 속어는 실용의 언어일 뿐이라고 말하고 있다. 누구보다도 라틴어에 조예가 깊었던 페트라르카는 자신의 '명상 편지글'속에서 고대 로마인의 묘를 지나치며 고대를 동경하고 있다. 속어와 라틴어로 작품을 남긴 보카치오는 말년에 라틴어로 글을 쓰기도 했다.

곡』은 상당히 피렌체어적이며 내용 또한 중세적이다. 페트라르카는 속어 시 『칸초니에레』를 통해 선택적 시어의 아름다움과 무결점의 문학성을 보여 줬다. 보카치오 또한 『데카메론』을 통해 속어 산문체 언어의 다양성과 생생함을 유감없이 보여 줬다.

로마제국의 공식어였던 라틴어(고전 라틴어)가 비르길리우스식의 시어와 키케로식의 산문어 모델에서 유래된 것처럼 이제 이탈리아어 속어 또한 시어와 산문어의 모델이 필요했다. 수 세기의 논쟁 끝에 과학적, 학문적, 이성적 언어로 평가되는 페트라르카의 시어 그리고 금욕, 순결, 참회와 같은 중세적 가치를 조소하고 수사, 수녀, 주교들을 농락하는 보카치오의 산문어가 모델로서 확정된다.[79] 반면 단테의 언어는 언어의 순수성과 고급성의 측면에서 결점이 있으며 방대한 지식 내용에도 불구하고 시어에는 적절치 않다는 후대의 평가에 따라 이탈리아어 속어의 모델에서 제외된다. 결국 르네상스적 관점에서 볼 때 페트라르카와 보카치오는 시와 산문의 영역에서 언어의 혁신을 명확히 보여 준 문학인으로 평가되었지만 '이탈리아어의 아버지'인 단테는 중세인과 근대인 사이의 과도기적 문학인으로 남게 되었다. 중세 라틴어의 세계를 벗어나 속어 문학을 실현한 것은 르네상스의 혁명이었다. 이후 르네상스가 본격화하면서 라틴어로의 회귀 운동이 잠시 일기도 했지만 속어와 속어 문학은 점차 그 공간을 넓혀 갔다.

한편 중세 예술은 기본적으로 기독교와 하나님, 성경의 내용을 전달하는 도구로써 활용되었다. 따라서 회화, 조각, 건축 등 모든 예술의 중심엔 기독교적 세계관이 자리하고 있다.

---

79 이탈리아어의 모델로서 '페트라르카의 시어/보카치오의 산문어'가 확정되는 데 결정적 기여를 한 인물은 16세기의 피에트로 벰보이다. '이탈리아어의 아버지'인 단테가 제외된 것은 시어에 걸맞지 않는 다양한 어투(상스러운 말에서 고급의 신학어까지)와 외래어 때문이었다.

이콘화(성화)에는 신성을 부각시켜야 하므로 인간의 감정을 담은 얼굴 표정이 없으며 대부분 종교적 내용의 메시지를 담고 있다. 대개 작가도 존재하지 않으며 주인공은 크게, 다른 이는 작게 그려진다. 초자연을 표현하는 도구는 빛(후광)과 색이며 입체감 내지 원근감은 없다.

중세의 이콘화

아름다움이란 무엇일까? 바른 것? 척도가 맞는 것? 균형 잡힌 것? 눈과 귀의 감각으로 감지되는 것? 진실된 것? 주관적이고 추상적인 것? 정신적인 것? 하지만 그 어느 하나도 완전한 답이 되지 못한다. 하지만 적어도 고대 그리스의 실질적 균형의 미와 이를 모방한 고대 로마의 미는 중세의 미와는 확실히 달랐다. 르네상스는 고대 그리스 로마 문화의 재생과 부활을 지향한 문화 운동이다. 고대 그리스와 로마의 예술은 엄격한 중세와 비교할 때 상상할 수 없을 만큼 자유롭고 인간적이다.

바르베리니의 파우누스, 기원전 220년경 그리스 원작을 모방한 로마 시대 복제품 ©wikipedia

고대 그리스 로마의 정신을 부활시키고자 했던 르네상스의 예술인들은 중세를 어떻게 벗어났을까? 한 예로 르네상스 회화의 선구자로 불리는 마사초(Masaccio)의 회화는 중세 이콘화와는 너무도 다르다. 자연 배경, 원근법, 얼굴 표정, 서정성, 신비감이 모두 표현되어 있다.

마사초의 회화 ©wikimedia

르네상스 3대 문인을 단테, 페트라르카, 보카치오라 한다면 부동의 르네상스 3대 예술가는 레오나르도 다 빈치, 미켈란젤로, 라파엘로일 것이다. 〈최후의 만찬〉〈모나리자〉〈인체 및 동식물 해부도〉와 같은 걸작을 남긴 다 빈치는 예술가로서 혹은 과학자로서 동식물을 해부학적으로 투시하고, 눈을 지식의 통로 내지 영혼의 창으로 여긴 천재였다.

모나리자 ©wikipedia

구슬을 든 예수 ©wikimedia

피에타 ©wikipedia

미켈란젤로에게 있어 예술은 신학 이해의 수단이었다. 성 베드로 성당 천장에 새겨진 〈천지창조〉, 초라한 자신의 자화상을 그린 〈살가죽이 벗겨진 바르톨로메오〉, 형언할 수 없을 정도로 완벽한 다비드상, 슬픔의 정점을 표현한 피에타 조각상 등 그의 예술에는 고뇌의 신앙인 모습이 담겨 있다.

반면 '아테네 학당'으로 유명한 라파엘로는 위에 언급한 예술인에 비해 사교적, 처세적, 세속적이란 평가이지만 우아하고 기품 있고 서정적이며 감성적인 예술 세계를 펼쳤다.

아테네 학당 ©pixabay

그 외에 르네상스 시대 회화 분야의 치마부에(Cimabue)와 지오토(Giotto), 조각 분야의 미켈란젤로(Michelangelo)와 도나텔로(Donatello), 건축 분야의 브루넬레스키(Brunelleschi)[80], 공예 분야의 첼리니(Cellini) 등 수많은 예술인을 기억할 수 있다.

이탈리아 르네상스의 의미

이탈리아의 르네상스를 중세와 대비되는 문화 흐름으로 봤을 때 르네상스와 중세는 다음과 같이 정리할 수 있을 것이다.

> 르네상스: 그리스 로마 문화, 다신교, 인본주의, 현세적, 철학과 과학의 발달
>
> 중세: 유대 그리스도교 문화, 일신교, 신본주의, 내세적 종교 문화, 종교의 지배

이탈리아 르네상스는 인류사에 있어 최초로 유럽 근대의 시대를 열었다는 점에서 큰 의의가 있다. 인문주의자들의 사고의 전환으로부터 기존에 세계를 바라보던 눈은 변화되었고, 신 중심의 가치관이 인간 중심의 가치관으로 전환되었다. 르네상스로 중세적 가치가 소멸되면서 과학의 시대, 항해의 시대, 계몽의 시대가 열리게 되었고 이후 서양 세계는 동방의 세계와는 비교할 수 없는 대단한 파워를 갖게 된다. 알베르티(Leon Battista Alberti)

80 불가능으로 여겨졌던 피렌체 두오모의 돔을 완성했다. 돔은 밀라노 두오모와 같은 중세 고딕 양식에서는 볼 수 없고 판테온과 같은 고대 로마 건축 양식에서만 볼 수 있다.

와 같은 이탈리아의 인문주의자가 문학의 중요성을 설파하다가 우연찮게 고대 로마 문인을 존경하게 되었고 그것이 르네상스 태동의 원천이 되었다고 한다면 지나친 과장일까?

어쨌든 인간 중심의 사고는 실제 여러 변화를 가져왔다. 로렌초 발라(Lorenzo Valla)는 콘스탄티누스의 기증장[81]의 허위 역사를 비판하기에 이르렀고, 마키아벨리(Machiavelli)는 종교로부터 정치를 독립시켰으며, 폴란드의 코페르니쿠스(Copernicus)는 중세의 기독교 우주관을 비판하고 지동설을 주장했다. 이렇게 르네상스를 기점으로 제기된 문예부흥의 결과는 실로 어마어마한 결과를 가져온 셈이다.

---

81 330년 로마의 콘스탄티누스 황제가 비잔틴으로 옮겨 가면서 교황 실베스트로 1세에게 서쪽 지역의 관할권을 넘겨줬다는 것으로, 중세는 물론 근세에 이르기까지 교황의 세속적 통치권을 합법화할 때마다 사용해 온 위조문서이다.

[참고문헌]

Argan Giulio Carlo, Storia dell'arte italiana. Il Rinascimento, Sansoni, 2008.

Burke Peter, Cultura e societa nell'Italia del Rinascimento, Il Mulino, 2001.

Marazzini Claudio, Breve storia della lingua italiana, Il Mulino, 2010.

Olivieri Mario, Compendio sella stiroa d'Italia e documenti per la storiad'Italia, Guerra Edizioni Guru, 2007.

김종법·임동현, 『이탈리아역사 다이제스트 100』, 가람기획, 2018.

움베르토 에코, 『미의 역사』, 열린책들, 2005.

태국 문화 들여다보기

_박경은(한국외국어대학교 태국어과 교수)

들어가기

'태국' 또는 '타이'라는 나라는 우리에게 친근하다. 아름다운 해변이 있는 세계적인 관광 대국, 불교도가 대부분인 나라, 다채로운 음식 문화, 왕실과 국왕에 대한 유별난 사랑, 잘 웃고 낙천적이며 여유로운 사람들, 일년 내내 따뜻한 날씨, 무에타이와 코끼리의 나라. 최근에는 정치적 갈등과 군부 쿠데타 등으로 뉴스에 자주 오르내리며 내정 불안이라는 부정적인 이미지로 각인되기도 했지만, 태국은 여전히 자유롭고 활기차며 높은 잠재력을 가진 나라다. 한국인에게 태국은 한국전쟁 때 아시아에서 최초로 육해공군을 모두 파병하여 함께 피를 흘린 혈맹국으로도 잘 알려져 있다. 1958년 공식 수교를 맺은 이후 한국과 태국은 꾸준히 우호 관계를 발전시켜 왔다. 현재 태국은 동남아시아 한류의 거점이자 세계에서 한국어 학습자가 가장 많은 나라이기도 하다. 이렇게 양국 간의 관계가 한층 긴밀해지고 있지만, 태국 문화에 대해 우리가 아는 지식은 의외로 제한적이다. 이에 이 글을 통해 태국 문화에 한 걸음 더 가까이 다가가 보려 한다.

인도차이나반도의 중심에 위치한 다양성의 나라

태국은 동남아시아의 중심부에 자리하고 있다. '동남아시아'라는 지역 구분은 지리적으로 이 지역이 아시아의 동남쪽에 있기 때문이기도 하지만, 역사 문화적 관점을 고려할 때 동남아시아가 인도 문명의 동쪽 그리고 중국 문명의 남쪽에 위치하여 두 문명의 영향권하에 있었던 점을 반영하기도 한다. 태국은 동남아시아 지역 열한 개 나라 중에서도 지리적으로 전략적 요지에 있다.

일반적으로 동남아시아는 대륙부 동남아시아(Mainland Southeast Asia)와 해양부 동남아시아(Maritime Southeast Asia)로 구분할 수 있으며, 각기 다양한 인종적, 종교적, 언어적, 문화적 특징이 있다. 이 중에서 대륙부 동남아시아로 구분되는 인도차이나반도의 중심부에 위치한 태국은 예부터 대륙부와 해양부 동남아시아를 잇는 중요한 가교 역할을 해 왔다.

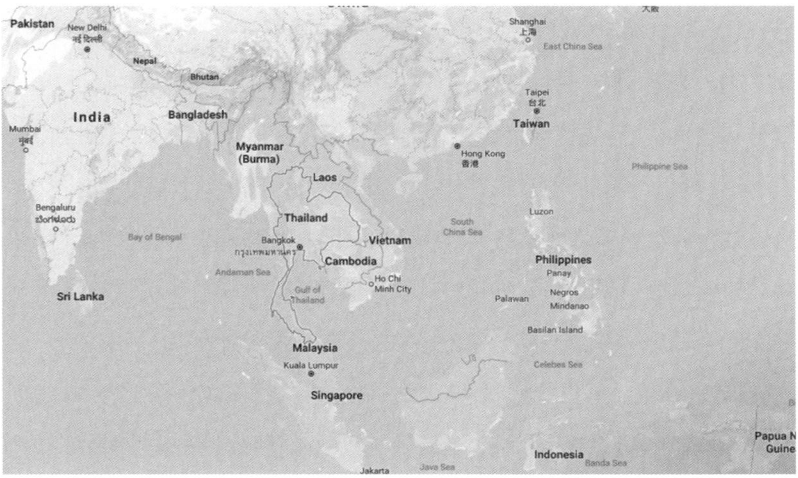

태국 지도 ©google

태국은 북서쪽으로는 미얀마, 북동쪽으로는 라오스, 남동쪽으로는 캄보디아 그리고 남쪽으로는 말레이시아와 국경을 접한다. 또한 동남아시아 국가연합, 즉 아세안(ASEAN) 내에서 경제적으로 중상위 그룹에 속하며 개발도상국을 이끄는 맏형 역할을 하고 있다. 또 역내 인프라와 기술 발전에서도 앞장서고 있는 나라 중 하나로, 아세안의 관문(Gateway to ASEAN)으로 불리기도 한다.

태국의 정식 명칭은 타이 왕국(Kingdom of Thailand)이다. 삼색으로 구성된 국기는 태국인이 수호해야 할 세 가지 가치, 즉 국민(적색)·종교(백색)·왕실(남색)을 상징한다. 입헌군주제를 통치 체제로 하고 있으며, 지난 2016년 푸미폰 국왕의 서거 후 라마 10세인 와치라롱꼰 왕이 왕위를 계승했다. 수도는 방콕으로, 원어로는 '끄룽텝'이라 부르며 이는 '신의 도시'라는 뜻이다. (방콕의 정식 명칭은 기네스북에 등재되어 있을 정도로 매우 길기 때문에 줄여서 '끄룽텝'이라고만 부른다)

태국의 총면적은 약 51만 평방킬로미터로 한반도의 두 배 반이 조금 안 된다. 인구는 2018년 기준 약 7000만 명이며, 이 중 타이족이 약 80퍼센트를 차지하고 나머지는 화교, 말레이족 등이 포함되어 있다. 종교는 잘 알려진 바와 같이 국민의 약 95%가 상좌부 불교를 신봉하고 있다. 헌법상에는 '국왕은 불교도다'라고만 명시되어 있을 뿐 불교가 국교로 지정되어 있지는 않다. 즉 태국은 국민의 종교적 자유가 보장되는 나라이며, 타 종교를 배척하지 않는다. 공용어는 타이어이며, 남인도 문자에서 기원한 고유의 문자 체계가 1283년 고안되어 현재까지 사용되고 있다.

태국은 고온다습의 열대성 기후로, 계절은 크게 건기와 우기로 나뉜다. 조금 더 세분하면 3계절로 대별되는데, 우기는 6월에서 11월가량으로 고온다습한 기온이 계속되며, 스콜성 폭우가 내리기 때문에 홍수의 피해가 잦은 편이다. 11월 말에서 2월까지는 겨울로 건조하면서 시원하므로 생활하기에도 여행하기에도 좋다. 한편 3월에서 5월은 고온 건조한 날씨로 일 년 중 가장 더우며, 4월의 최고 기온은 40도를 육박한다.

태국을 지역적으로 구분할 때는 크게 중부, 북부, 북동부, 남부의 네 개로 구분하는데, 각 지역, 특히 국경 지역의 문화는 접경하고 있는 이웃 나라(미얀마, 라오스, 캄보디아, 말레이시아)와 많은 부분을 공유하고 있다. 2차 세계대전 후 국경이 확정되기 전까지는 사실상 한 나라였던 지역도 많고, 역사적으로도 주변국들과 인종·문화적으로 많은 것을 공유하고 영향을 주고받았기 때문이다. 현재도 태국 내 각 지역은 자신의 고유한 문화와 생활양식을 계승해 가고 있다. 여기에 오래전부터 인도, 중국 그리고 서양 문화들과의 접촉과 수용, 변용을 계속해 온 태국인의 개방적이고 유연한 역사가 더해져, 태국은 세계에서 가장 다양성이 높은 나라 중 하나로 꼽힌다.

결코 짧지 않은 태국의 역사

1960년대까지 동남아시아의 선사시대 문화는 다른 지역에 비해 상대적으로 퇴보했던 것으로 여겨졌고, 주로 인도와 중국의 영향에 의존했다는 이론이 지배적이었다. 그러나 1966년 태국 북동부 우돈타니의 반 치앙 유적의 발견으로 대대적인 학설의 수정이 이뤄졌다. 기원전 3600년경 반 치앙 마을이 있는 코랏고원에 사람들이 이주해 와 정착했다. 그들은 벼농사와 철기 제작 등에 높은 기술을 보유하고 있었으며 이를 바탕으로 오랜 기간 문화적 계승을 이뤘다. 이는 세계에서 가장 오래된 청동기 문명의 흔적이며, 인류의 문화적·사회적·기술적 진화의 중요한 단계를 보여 주는 의미 있는 증거로 여겨진다. 이에 반 치앙 유적은 지난 1992년 유네스코 세계문화유산으로 등재되었다.

이후 이 지역에는 크고 작은 왕국과 문명의 흥망성쇠가 이어졌다. 하지만 태국인들은 푸난, 타와라와디, 씨위차이 등 이 지역에 융성했던 고대 왕국들의 역사보다는 태국인의 다수를 차지하는 타이족과 연관된 왕국의 다소 짧은 역사만을 자신들의 공식적인 역사로 인정하고 있다. 타이족의 기원과 역사에 대해서는 다양한 연구가 있는데, 이 중 가장 유력하다고 여겨지는 것은 중국 남부로부터 이주한 타이족이 현재 태국의 다수를 구성했다는 학설이다. 이 학설에 따르면, 중국 남부 운남성 지역에 거주하던 타이족이 기름진 땅을 찾아 서서히 남하하다가 인도차이나반도 지역까지 내려오게 되었고, 11세기 말경 짜오프라야(Chaopraya)강 유역에 정착했다. 이후 역내 패권국이었던 크메르의 영향력이 약화되면서 1238년 수코타이의 씨인트라팃 왕이 크메르로부터의 독립을 선언하고 독립 왕국을 건립했다.

현재 태국의 중북부에 위치한 도시 수코타이는 '행복의 새벽'이라는 의미로 동남아시아 지역의 많은 고대 왕국과 마찬가지로 도읍의 이름을 따 '수코타이' 왕국이라 불렀다. 수코타이는 이후 타이의 왕국들이 태국 중부의 젖줄인 짜오프라야강 유역을 따라 발전하게 되는 역사의 시초가 되었다. 수코타이는 3대 왕인 람캄행(Ramkhamhaeng) 대왕 시대에 왕국의 황금기를 맞이하게 된다. 람캄행 대왕은 여러 가지 업적을 이룩했는데, 상좌부 불교를 스리랑카로부터 도입하여 통치 체제로 삼고, 타이어에 적합한 문자 체계를 고안하여 언문일치를 이루기도 했다. 이러한 람캄행 대왕의 리더십을 바탕으로 수코타이는 정치, 경제, 문화, 예술적으로 높은 발전을 이루었다. 최초의 자체 화폐인 '폿두앙' 은화가 수코타이 시대에 처음 제작된 점도 주목할 만하다.

수코타이 역사공원에 위치한 람캄행 대왕 동상

그러나 수코타이 왕국은 1300년 이후 쇠퇴일로를 걸어 중부 지역에 출현한 신흥 강국 아유타야(Ayutthaya) 왕국에 병합된다. 1350년 건립된 아유타야 왕국 역시 수도의 이름을 딴 것으로 '적이 없다', '무적'이라는 의미이다. 아유타야는 417년간 33명의 왕이 통치한 최장의 역사를 가진 왕국이다. 17세기에는 서양과 활발하게 접촉하기도 했다. 본격적인 타이족의 문화를 꽃피운 아유타야 왕국은 그러나 후반기에 들어 내정 불안과 버마와의 잦은 전쟁으로 쇠퇴하여 결국 1767년 버마에 멸망했다.

이후 구국의 영웅인 딱신(Taksin) 장군이 버마군을 몰아내고 영토를 되찾아 같은 해인 1767년 짜오프라야강 서쪽 톤부리를 도읍으로 한 톤부리 왕국을 건국했다. 15년의 짧은 통치로 막을 내린 톤부리 시대가 끝난 뒤, 1782년에 이르러 짝끄리(Chakri) 왕조의 초대 왕인 라마 1세가 짜오프라야강 동쪽 랏따나꼬신으로 도읍을 천도하면서 바야흐로 방콕 왕조의 시대가 열려 오늘에 이르게 되었다.

태국이 1, 2차 세계대전과 입헌 혁명, 인도차이나반도 공산화와 20여 차례의 쿠데타 등 풍랑의 역사를 무사히 지나올 수 있었던 것은 국왕의 강력한 리더십의 공이 크다. 라마 4세와 라마 5세는 격변의 시대, 안으로는 적극적인 근대화와 서양식 문물 도입을 통해 다가오는 변화에 대비하고, 밖으로는 뛰어난 외교술을 발휘하여 서구 열강의 식민지화 공세로부터 나라의 독립을 지켜 냈다. 라마 7세는 시대적 필요성과 국민의 요구에 따라 퇴위를 선언하고 입헌군주국으로의 통치 체제 변화에 순응했다.

故푸미폰 국왕의 모습

한때 시대적 조류에 따라 약화되었던 왕권은 라마 9세 때에 이르러 완벽한 변신을 이뤄낸다. '민초의 삶을 돌보는 아버지와 같은 왕'으로서 故푸미폰 국왕은 역사상 유례가 없는 전 국민적 존경과 사랑을 받았다. 1946년부터 2016년까지 만 70년간 재위로 전 세계 최장기간 재위의 기록을 보유한 푸미폰 국왕. 그가 서거한 후, 타이 사람들은 거리로 쏟아져 나와 '거대한 상실로 인한 헤아릴 수 없는 슬픔'을 표출했으며, 그의 국장은 가히 역사상 최고 수준으로 치러졌다. 일년간 온 국민이 검은 상복을 입은 태국에서는 검은 천 품귀 현상까지 발생했다.

상좌부 불교의 나라

국민의 95%가 불교도인 나라 태국에서는 종교가 없는 '무교'란 상상할 수 없는 일이다. 거의 모든 공문서의 개인 정보 기입란에는 종교를 선택하게 되어 있다. 남성들의 병역이 의무화되어 있는 분단국가인 우리나라에서 "남자라면 군대를 다녀와야지"라는 말이 입버릇처럼 쓰인다면, 태국에서는 "남자라면 출가를 해야지"라는 말이 비슷한 의미로 쓰인다. 특히 출가와 환속이 비교적 자유롭고, 출가를 하면 부모에게 가장 큰 공덕을 돌려줄 수 있다고 여겨져, 아들의 출가는 그야말로 부모의 염원이다. '황색 천의 끝자락을 보다'라는 말은 아들이 출가를 한다는 뜻으로, 부모가 그 황색 승복 자락을 잡고 극락에 간다는 믿음이 있다.

수코타이 불교 사원의 모습

불교가 태국에 전래된 것은 불기 3세기 말로 알려져 있으나, 상좌부 불교가 본격적으로 융성한 것은 13세기부터다. 현재 태국 전국에는 3만여 개의 사원과 약 18만 명의 승려가 있다고 알려져 있다. 단기 출가를 하는 승려들까지 합하면 그 숫자는 더 많다.

태국에서 불교는 종교를 넘어서 생활이다. 출생에서 사망까지 태국인 삶의 통과의례가 모두 불교와 연관이 되어 있기 때문이다. 과거로부터 사원은 종교 기관뿐 아니라, 마을 아이들을 가르치는 교육 기관, 민간의료법으로 사람들을 고치는 의료기관 그리고 불우한 아이들을 돌보는 사회복지 기관의 역할 등 다양한 기능을 했다.

아침에 맨발로 마을을 돌며 탁발 고행을 하는 승려들과 보시하는 신도

상좌부 불교(또는 데라바다 불교)는 개인의 해탈을 중요시한다. 그렇기 때문에 사람들은 매일의 삶에서 나쁜 업을 짓지 않고 선업을 쌓아 윤회를 거듭하는 동안 모든 업을 씻고 종국에는 해탈에 도달함을 목표로 여긴다. 일상에서는 불살생(생명을 함부로 죽이지 않음), 불투도(남의 물건을 탐내지 않음), 불사음(간음하지 않음), 불망어(거짓말 등으로 구업을 짓지 않음), 불음주(술, 약 등으로 정신을 혼미하게 하지 않음)의 5계를 준수하려 노력한다. 또한 탁발 보시, 방생, 기부 등 기회가 될 때마다 크고 작은 적선(積善, 선업 쌓기) 활동을 한다. 그리고 가장 큰 축적 중 하나는 바로 앞서 말한 출가이다.

상좌부 불교에서는 교리상 남성만이 승려 출가가 가능하다. 즉 여성은 승려가 아닌 '수도자'로만 출가할 수 있으며, 황색 승복 대신 흰색 수도자의 옷을 입어야 한다. 보통 만 20세 이상의 성년 남성이 자발적으로 출가를 하지만 20세 미만의 남자 아이들도 사미승으로 출가를 할 수 있다. 현대사회에서는 보통 짧게는 일주일에서 길게는 3개월가량 출가하여 수련을 한다. 주로 가족 친지의 생일이나 장례 등 개인적으로 의미 있는 행사나 자신이 사회적으로 소속된 기관의 중요한 행사가 있을 때 이를 기념하여 출가한다. 또 어떤 큰 잘못을 했을 때 속죄의 의미로 출가를 선택하기도 한다. 태국이 상대적으로 출가와 환속이 용이하다고는 해도 그 절차는 매우 복잡하고 까다로우며, 성년 출가자는 227계를 지켜야 한다. 출가는 가장 큰 선업의 축적이자 효도로 여겨지기 때문에 남성 중에는 자신의 성 정체성이 남성이 아니라 하더라도 출가하는 경우가 많다.

태국 사람들은 인과응보 사상을 철저히 신뢰한다. 그렇기 때문에 잘못을 한 사람이 있으면 그 죄에 따른 벌을 언젠가 스스로 받게 되어 있다고 믿고, 이러한 믿음에 근원하여 타인을 정죄하지 않고 쉽게 용서하는 관용적인 모습을 보이기도 한다.

다양한 믿음의 조화로운 혼재

국민 대다수가 불교를 종교로 신봉하기는 하지만 동시에 많은 태국 사람들은 전통적인 믿음을 계승하고 있다. 태국인의 집 앞마당이나 건물 앞에는 대부분 '싼프라품'이라고 불리는 사당이 설치돼 있다. 지신을 모셔 둔 이 사당에 태국 사람들은 아침마다 꽃이나 음식 등을 바치며 그날의 무사를 기원한다. 그밖에도 많은 귀신이나 정령에 대한 믿음이 있으며, 제사 등의 의식을 통해 예를 표하는 것이 일상화되어 있다.

또한 태국 종교 문화를 언급할 때 가장 중요한 부분 중의 하나는 바로 힌두 문화이다. 힌두이즘(브라흐마니즘)은 고대부터 인도에서 전래하여 동남아시아 지역에 번성했던 전통적 사상이자 믿음으로, 불교나 민간신앙과 함께 태국인들의 세계관의 기저를 구성하고 있다. 힌두이즘은 특히 중세 아유타야 시대부터 크메르 제국을 통해 본격적으로 태국에 유입되어, 현대에 이르기까지 전통, 사회, 문화 및 예술 전반에 지대한 영향을 끼치고 있다. 실례로, 태국에서는 오늘날에도 국가 차원의 중요한 의식에서 흰 옷을 입은 브라만 사제가 성스러운 의식을 관장하는 모습을 볼 수 있다. 개인의 일상생활에서도 힌두이즘을 엿볼 수 있는데, 대표적인 예로 '탐콴'은 중요한 일을 앞두고 영혼을 다독이는 의식이다. 아기가 태어나 생후 1개월이 되었을 때나 정수리 부분에 기르던 꽁지머리(쭉)를 자르는 의식을 할 때, 또는 남성의 성년 출가 전, 결혼식 날, 병치레가 잦거나 안 좋은 일이 있을 때, 풍년을 기원할 때 등 다양한 계기에 '탐콴' 의식을 행하는데, 이 역시 브라만 사제가 의식을 관장한다.

한편 인도에서 동남아시아 여러 나라로 전래된 대서사시 라마야나는 태국에서도 적극적인 수용과 불교적 변용을 통한 현지화를 거쳐 '라마끼안'이라는 태국어판으로 재창조되었다. '라마끼안'은 문학뿐 아니라 회화, 조각, 조형예술, 공연 예술 등 문화 예술 전반에 지대한 영향을 끼쳤다. 짝끄리 왕조의 왕실 사원인 에메랄드 사원의 회랑 벽화 역시 불타의 전생담이 아닌 이 '라마끼안'이 그려져 있다. 불교와 힌두이즘의 융합을 짐작할 수 있는 부분이다. 말 그대로 '라마'의 이야기인 '라마끼안'은 왕권의 위엄과 왕조의 정당성에도 적지 않은 도움을 주었다. 짝끄리 왕조의 왕들의 이름에 붙은 '라마' 역시 여기에서 기원했다.

힌두 신화의 크룻(가루다)이 정부의 문장으로 쓰이고, 집집마다 가네샤의 신화나 신물이 모셔져 숭배되며, 방콕 최도심의 요지에 브라만 신상이 위치해 매일 셀 수 없이 많은 사람이 제물을 바치고 기도를 하는 모습이 불교도인 태국인들에게는 전혀 이질적이지 않다. 쏭끄란과 더불어 태국의 가장 큰 축제 중 하나인 러이끄라통 축제는, 갠지스강의 여신에게 감사와 사죄를 표하며 한 해의 액운을 떠내려 보내는, 다분히 힌두이즘적인 전통이다. 이렇듯 태국은 불교의 나라이지만, 엄밀히 말하면 불교와 여러 기타 종교와 믿음들이 공존하는 종교적 혼종과 다양성의 나라라고 할 수 있다.

방콕 최도심인 랏차쁘라쏭 사거리에 위치한 브라만 신상과 기도하는 사람들

'타이'의 나라 타이

전 세계에서 태국만큼이나 나라의 이름이 잘 어울리는 곳은 없을 것이

다. 태국의 원어 명칭은 '쁘라텟타이'로 '쁘라텟'은 국가라는 뜻이고, '타이'는 자유라는 뜻이다. 곧, '자유의 나라'다.

태국은 천혜의 자연을 부여받은 축복의 땅이라 해도 과언이 아니다. 동남아시아 중에서도 태국 지역은 일 년 내내 날씨가 덥거나 온화하고 수량이 풍부하며 자연재해도 상대적으로 적어 벼농사에 매우 유리했다. 수코타이 왕국의 람캄행 대왕이 남긴 비문에 적힌 '물에는 물고기가 있고, 논에는 벼가 있다'는 문장은 당시의 풍족함을 단적으로 나타내는 문장으로, 현재까지도 유효하다고 해도 틀리지 않다. 풍족한 자연 자원을 바탕으로 예부터 태국 사람들의 삶은 여유롭고 인간관계는 호의적이었다. 같은 농경사회라도 '일 년 농사'를 계획하고 공동 작업을 통해 일궈야 하는 우리나라와는 달리, 태국은 논에 물을 넉넉히 댄 후에 볍씨를 뿌리는 직파법으로도 일 년에 삼모작이 가능했다. 자연히 태국에서는 한국보다 공동체 의식이 상대적으로 덜했고, 생존을 위한 경쟁도 덜 치열했다. 이런 환경적 배경은 태국인들이 간섭이나 강요받는 것을 싫어하는 경향으로 이어졌다. 태국이 비교적 '느슨하고 완만하게 구조화된 사회'가 된 배경이기도 하다. 그래서 타이 사람들은 그 어느 나라 사람보다도 개인의 자유, 즉 '타이'를 존중하고, 또 존중받기를 원한다. 태국이 다른 나라보다 적극적이고 많은 비율의 성 소수자가 있는 것 역시, 개인의 자유로운 선택을 존중하는 사회적 분위기가 바탕이 된 것이라고 볼 수 있다.

그러나 동시에 태국사회는 오랜 절대왕정 체제의 전통과 신분제도의 무형적 틀이 현대까지도 전해져 내려오는 권위주의 사회이기도 하다. 15세기 아유타야 시대 때 확립된 토지분봉제(싹디나)는 지주와 농노의 계급적 차별을 만들고, 후견인(Patron)과 피후견인(Client)의 관계로 유지되는 사회구조를 낳았다. 즉 신분적, 정치적, 또는 경제적으로 권력을 가진 자(우위에 있는 자)가 상대적으로 권력을 갖지 못한 사람의 권익을 대변해 주거나 이익을 도모해 주고, 혜택을 받은 사람은 권력자를 후견인으로 섬기는 관습이다. 태국 관료들의 엘리트주의와 권위주의, 이를 당연시 여기는 태국인들의 모습은 현재까지도 이어지는 후견인 시스템을 방증한다. 이러한 경직된 사회 구조 속에서 체제의 변화는 더딜 수밖에 없다.

태국은 어른을 공경하는 나라다. 태국 사회에서 '어른'은 비단 나이가 많은 것만을 의미하지는 않는다. 사회적으로 지위가 높거나 한 분야에 전문성을 갖고 있거나 높은 교육을 받은 사람도 '어른'이다. 앞서 언급한 후견인과도 연결되는 개념이다. 개인과 개인 간의 관계를 중시하는 태국인들에게 윗사람과 아랫사람 간의 관계는 매우 절대적이다. 태국어의 '끄렝짜이'라는 말은 외국어로 번역이 거의 불가능한 어휘인데, 태국 학자에 따르면 이는 '타인으로 하여금 육체적 또는 정신적으로 불편한 마음이 들게 하는 것을 두려워하고 걱정하는 심리 상태'로 정의된다. 즉 우리말로 하면 감사할 때나 미안하거나 부담을 느낄 때 쓸 수 있는 표현이다. '윗사람을 어려워할 때'도 쓰인다. 자신보다 나이나 지위가 높은 사람을 어려워하며 부당한 일이 있거나 할 말이 있어도 참아야 하는 '끄렝짜이'는 권위적인 태국 사회의 모습을 단적으로 투영하는 어휘다.

극단적인 상하 의식과 예의범절

타이 사람들은 관대하지만 또한 예절을 매우 중시한다. 인사를 할 때 악수를 하는 서양이나 고개를 숙이는 우리와 달리 태국인은 곱게 모은 두 손을 합장하고 얼굴 앞쪽으로 들어 고개를 함께 살짝 숙이며 인사를 한다. 이 합장 인사를 태국어로 '와이'라고 하는데, 상대가 누구냐에 따라 손의 위치가 달라진다. 즉 스님이나 매우 높은 어르신, 지극히 존경하는 부모나 친지의 경우 손의 위치가 가장 높아 합장한 손의 엄지가 미간에 오고 검지가 정수리 쪽을 향하도록 하고 고개를 깊게 숙여 절을 한다. 일반적인 윗사람이나 선생님, 부모 친지께 일상적으로 인사를 할 경우에는 합장한 손의 엄지가 코끝에, 검지가 미간에 오게 숙여 인사하며, 자신과 비슷한 또래나 지위의 사람과는 검지가 코끝에 오도록 하고 고개를 살짝만 숙여 인사한다. '와이'는 아랫사람이 윗사람에게 해야 하며, 윗사람은 역시 가슴 정도에서 합장 인사로 받아 주어야 한다. '와이'는 또한 일상적인 인사를 넘어서 '참배하다', '경배하다'의 의미로 사용되기도 한다. 제사를 지내거나 종교적 의식을 치를 때, 또는 무에타이나 악기 연주 시작 전 스승에게 경의를 표하는 의례에서 '와이'라는 말이 사용되는 점은, 태국에서 합장 인사를 하는 행위가 가진 신성함과 문화적 함의를 반영한다.

태국인은 상하에 대한 의식이 철저하다. 지위나 연령의 상하의식은 물리적인 상하의 개념으로 투영된다. 신체 중 위에 있는 머리는 혼이 담겨 있으므로 귀하고, 아래에 있는 발은 천하다는 이른바 '존두 사상'이 물리적인 상하에 대한 예절로 나타난다. 그래서 친한 사이조차도 머리를 함부로 만지는 것은 금기시된다. 어른 앞에 앉을 때는 두 발을 포개 뒤쪽으로 보내며, 어른이 앉아 있는 위치보다 낮은 자리에 앉는 것이 예의다. 머리 위로 무언가를 주고받는 것이 금기시되는 이유로 지하철을 비롯한 열차에는 머리 위쪽 선반이 없다. 윗사람 앞을 지날 때는 시선이 윗사람의 시선보다 낮도록 몸을 약간 낮추는 것이 공손하며, 발로 무언가를 가리키거나 어른 앞에서 다리를 꼬고 앉는 것도 금기시된다. 종교나 왕실과 관련되면 이 상하 개념과 존두 사상은 극대화되며, 왕을 알현하거나 불당 안에서 불상 앞으로 다가갈 때는 무릎걸음을 하는 것이 기본이다.

이렇듯 종교나 왕실과 관련한 것은 매우 신성하게 여겨지기 때문에 특히 더 주의를 기울여야 한다. 불상에 대고 손가락질을 하거나 함부로 만지는 행위는 당연히 금지다. 승려는 속세인과 접촉을 지양하고, 특히 여성과의 접촉은 절대 금기시되므로 승려가 지나가면 조심스레 길을 터 주어야 한다. 대중교통에서도 승려 배려석이 있어 승려가 앉을 수 있도록 배려한다. 여성은 가족이라 할지라도 승려와 접촉이 불가하므로, 승려에게 물건을 전해주는 경우에도 손에서 손으로 전달할 수 없고 반드시 남성을 거치거나 매개물이 있어야 한다. 불상이 사람의 눈높이보다 낮은 곳에 있으면 안 되기 때문에, 불상이 낮은 위치에 있는 경우는 최대한 몸을 숙여 자신을 낮춰야 한다. 사원에 입장할 때에 복장을 최대한 단정히 해야 한다. 여성은 치마를, 남성은 긴바지를 입는 것이 가장 공손하다. 태국은 대학생도 교복을 입는다. 복장에 큰 중요성을 두기 때문에 때와 장소에 맞는 적절한 옷차림을 해야 하며, 사원뿐 아니라 공공 기관 등에 갈 때는 늘 공손한 차림을 해야 한다.

왕실과 관련해서는 더욱 주의할 필요가 있다. 태국은 왕실모독죄가 형법에 규정되어 있는 나라이기 때문이다. 형법 112조에 '국왕, 왕비 또는 그의 상속자나 섭정을 비방, 모욕하거나 위협하는 자는 3-15년까지 징역에 처할 수 있다'고 명기되어 있다. 실제로 형사처벌을 받은 예도 많다. 태국 화폐에는 지폐나 동전을 막론하고 국왕의 얼굴이 새겨져 있는데, 이를 고의로 훼손하면 형사처벌을 받을 수 있다. 또한 극장 등에서 영화나 공연 등에 앞서 연주되는 국왕 찬가가 흘러나올 때 고의적으로 기립하지 않는 경우에도 처벌을 받을 수 있다. 왕실에 대한 이야기는 민감한 사안으로 여겨지므로 신중해야 한다.

낙천주의자들의 나라, 태국

태국인들의 여유와 낙천주의는 환경적 풍요로움과 더불어 불교의 안분지족 사상의 영향이 크다. 현생의 처지는 본인이 전생에 이행한 업의 결과이므로 분수를 알고 분수에 맞게 사는 것이 미덕이라 생각한다. 같은 이치로, 남이 많이 가진 것은 그가 전생에서 행한 선업의 결과이므로, 내가 그보다 덜 가진 것에 속상해 하거나 질투하지 않는다. 지나치게 감정을 드러내거나 욕심을 부리는 것, 무언가에 중독되거나 타인을 시기하는 것 등은 모두 지양해야 하는 가치로 여긴다. 자유를 누리되 방종하지 않으며 타인의 자유를 존중하고 배려한다. 이런 태국인들의 가치관은 친절과 나눔, 관용의 태도로 대변된다. 태국 사람들은 사심 없이 호의를 베푼다. 눈만 마주쳐도 웃고 칭찬에 관대하다. 흥이 많고 놀이를 즐긴다. 비록 최근 태국의 산업화와 도시화, 경제적 불황, 빈부격차와 불안정한 정세 등으로 태국인들에게서 예전만큼의 여유를 찾기는 어려워졌지만, 그럼에도 불구하고 태국인들의 안분지족과 낙천적 생활 방식은 소확행을 꿈꾸는 우리에게 시사하는 바가 적지 않다.

Philosophy History

3부

세계로 떠나는 역사

동북아 국제 질서와 한국 독립운동 | 반병률

크리스토퍼 콜럼버스의 항해와 '아메리카의 발명' | 신정환

러시아에 대한 넓고 얕은 지식 | 제성훈

동북아 국제 질서와 한국 독립운동

_반병률(한국외국어대학교 사학과 교수)

글머리에

한국이 일본 제국주의의 식민통치를 받았던 20세기 전반기는 식민주의·제국주의 세력과 민족 해방 세력이 치열하게 각축하던 시기였다. 식민지배의 지속을 위하여 구미 열강이 각축하면서 상호 간의 대립 구도와 소속 진영이 변화하는 가운데 여러 차례의 전쟁을 겪게 되는 한편, 이들 제국주의 세력에 맞서 독립과 해방을 획득하기 위한 식민지·반식민지 민중의 치열한 반제 반식민지 투쟁이 전개되었기 때문이다.

이 시기에 일제로부터의 독립과 해방을 위해 투쟁했던 한국 독립운동 세력의 활동에 영향을 끼쳤던 국제적 환경은 결코 우호적이지만은 않았다. 이들 열강은 각자의 국가적 이해관계를 우선적으로 중시한 바, 특히 아시아의 강국으로 부상한 일본과의 관계를 우선시하여 한국의 독립운동 세력을 부차적인 요소로 간주했다. 따라서 이들 열강이 한국의 독립운동 세력을 인정·지원한 것은 어디까지나 자신들의 국가이익과 부합했기 때문이었다.

급변하는 국제정세 속에서 한국의 독립운동 세력은 이들 열강의 지원을 받기도 했지만 경우에 따라서는 국제적 이해관계를 우선시한 열강의 배신과 탄압을 받기도 했다. 이것이 한국 독립운동 세력이 극복해야만 했던 냉엄한 국제 질서였다. 그리하여 한국의 독립운동 세력은 변화무쌍하게 변하던 국제 관계 속에서 열강 간의 상호관계를 유리한 방향으로 활용하고자 끊임없이 노력할 수밖에 없는 고난의 과정을 겪어야 했던 것이다.

한국 독립운동 세력의 지상 목표인 한국의 독립을 달성할 수 있는 최상의 기회는 일본이 이들 열강의 하나 또는 둘 이상과 전쟁 상태로 들어가는 것이었다. "적의 적은 동지"라는 말대로 이 전쟁 상태에서 일본과 적대국이 되는 국가와 연합함으로써 일본과 독립전쟁을 전개한다는 구상이었다.

이 구상이 바로 1910년대 우리의 독립운동가들이 정립한 바 있는 '독립전쟁론(獨立戰爭論)'이다. 국제 관계가 급속하게 변화하면서 일본과 다른 열강 간에 갈등과 대립의 조짐이 보일 때마다 미일전쟁, 러일전쟁, 독·일 전쟁, 중일전쟁의 설(說)이 유포되곤 했는데, 이때마다 한국 독립운동 세력은 대일전에 대한 기대를 가졌고 실제로 대일전 준비에 착수하기도 했던 것이다.

만주사변(1931) 이후 일본의 대륙 침략이 본격화되었고 중일전쟁(1937), 동남아 침략(1941), 진주만공격(1941)으로 중국·영국·프랑스·네덜란드·미국 등 구미 열강과 전쟁 상태로 돌입하게 되면서 한국 독립운동 세력이 독립전쟁론에서 기대했던 절호의 기회가 도래했다. 마침내 일본이 패망하게 되면서 한국은 독립을 달성하게 되지만, 이는 스스로의 힘에 의한 것이 아닌 연합국의 승전에 따른 것이었다. 그 대가는 혹독한 것으로 미소 양군에 의한 분할 점령과 분단 정부의 수립으로 귀결되어 한국 독립운동의 목표였던 자주독립의 통일국가를 수립하지 못했다. 이를 반영하듯 반식민지 상태였던 중국은 항일전의 승리를 '반파시스트 승전'이라는 개념으로 매년 자력에 의한 승리를 강조하고 이를 기념하지만 우리는 수동적 의미가 강한 '광복'으로 기념하는 데 머물 뿐이다.

이 글에서는 한말 이후 일제 식민지 통치 시기에 열강 간의 각축과 급변하는 국제 관계 속에서 일본과 다른 열강 간의 관계에 초점을 맞추어 한국의 독립운동이 어떻게 전개되었고 어떠한 일들을 겪었는가를 살펴보려고 한다. 이 주제와 관련하여 냉전과 분단의 시대적 상황의 영향을 깊게 받을 수밖에 없는 한국 근현대사에 대한 해석과 평가에 대하여 조심스럽게나마 문제를 제기하고자 했다.

영일동맹 체제 - 제1차 세계대전

러시아를 견제하기 위하여 1902년 영국과 일본 간에 체결된 영일동맹(Anglo-Japanese Alliance, 1902.1-1923.8)은 두 차례의 개정을 거쳐 지속된 바, 20세기 전반 일본 외교사의 최대 성과로 불렸다. 영일동맹은 1923년 최종적으로 시효가 종결될 때까지 한국 침략으로 시작된 일본의 대륙 침략과 동아시아에서의 일본의 세력 확대를 국제적으로 보장해 준 동맹이었다. 이 점에서 영일동맹은 한국의 주권 수호와 독립에 지극히 부정적인 해악을 끼친 외교적 거래였다고 평가할 수 있다.

1905년에 개정된 제2차 영일동맹은 미·일 간의 가쓰라-태프트 밀약(1905.7), 러·일 간의 포츠머스조약(1905.9)과 함께 일본의 한국 보호 국화를 용이하게 만든 국제적 외교 장치로 기능했다. 일본은 제2차 영일동맹 개정(1911)과 러일전쟁 이후 네 차례에 걸친 러시아와의 협약 체결을 통하여 영국·러시아와의 동맹 관계를 강화했던 것이다.

일본의 한국 보호 국화 이후에서 강제 병합(1910)을 전후한 시기까지 한국의 애국지사들은 한국의 독립운동에 비교적 우호적인 러시아로 이주했고, 신해혁명(1911) 이후에는 중국 혁명에 참가하기 위하여 북경·상해·남경 등지로 망명하여 후일을 도모했다. 중국 혁명에 기여함으로써 후일 중국 혁명 정부로부터 한국의 독립운동에 대한 지원을 얻고자 하는 기대감에서 비롯된 것이다.

일본은 영일동맹에 의거하여 제1차 세계대전에 참전하게 된 바 영국, 프랑스, 러시아 그리고 중국, 미국과 함께 연합국의 일원이 되었다. 제1차 세계대전은 당시 '유럽전쟁(European War)'으로 불렸던 바, 연합국 진영에는 영국, 프랑스 그리고 후에(1917년) 참전한 미국 등 선진 민주주의국가들에 차르 체제의 러시아(1917년 10월 혁명 이후 전쟁 이탈), 일본(입헌군주제)이 가담했다. 한국을 강점한 황색인종의 유일한 제국주의 국가인 일본이 연합국 진영에 가담하게 된 것은 한국의 독립운동 세력에게는 또다시 각고의 어려움을 가져다준 불행이었다. 일본은 유럽 열강이 독일과의 전쟁에 전력을 다하고 있어 중국 등 동아시아에 신경을 쓸 수 없다는 점을 노려 산둥반도의 독일 조차지와 남양군도를 점령하는 한편, 중국에 대해서는 사실상의 보호 국화를 강요하는 21개를 요구했다(1915).

1914년은 러일전쟁 10주년으로 조야(朝野)의 러시아인들 사이에서 일본에 대한 복수열이 고조되고 있었다. 그리하여 러시아 연해주와 만주 지역의 한국 독립운동 세력은 1914년에 제2의 러일전쟁이 발발할 것이라고 기대하고 1913년 가을 대한광복군정부(초대 정도령 이상설, 2대 정도령 이동휘)를 조직하고 무관학교를 설립하는 등 러시아 측에 가담하여 대일전을 치를 준비를 했으나 실현되지 못했다.

1914년은 또한 제1차 세계대전이 발발한 해이기도 하다. 한인 애국지사들은 대전 초기에 독일이 승승장구하자 독일과의 연합에 의한 항일전을 기획하기도 했다. 이상설, 박은식, 신규식, 유동열, 성낙형 등이 고종 황제를 당수로 추대하고자 조직한 신한혁명당이 그 예이다.

이어 일본의 중국에 대한 21개 조 요구로 중국과 일본 간에 갈등이 고조되자 이동휘와 이종호 등 대한광복군정부의 지도자들은 한중 연합에 의한 대일전을 재차 추진했으나 중국이 21개 요구를 수용하게 되면서 이 역시 무산되고 말았다.

여기에서 주목해야 할 사실은 일본과 동맹 관계에 들어가게 된 러시아와 중국 당국이 일본의 외교적 요청에 따라 러시아 내의 한국 독립운동을 탄압했다는 것이다. 이에 자치적 성격의 합법적인 단체로 활동하던 권업회와 간민회 등이 해산되고 대한광복군정부를 비롯한 한인 독립운동단체들의 지도자들 역시 체포와 추방을 피해 오지로 도피해야만 했다.

러시아 10월 혁명 이후 볼셰비키 정권이 들어서면서 미국, 영국, 프랑스 등 구미 열강과 일본이 혁명에 개입했다. 제1차 세계대전이 종결되어 가던 시기에 연합국이었던 러시아—10월 혁명 이후 볼셰비키 정부—가 브레스트-리토프스크 조약(Treaty of Brest-Litowsk)을 체결하고 독일과 단독강화하자 연합국들은 '체코슬로바키아군 구원'을 명분으로 내세우며 러시아 원동 지역에 대한 대병력을 '출병'시켰다. 사실상의 군사적 침략 행위였다.

일본과 구미 열강의 무력 개입은 반혁명의 백위파 세력을 지원하여 혁명을 좌절시키기 위한 것이었다. 이렇게 시작된 시베리아 내전(1918-1922)에 일본은 8만 명에 달하는 군대를 파병하여 러시아 원동과 북만주 지역을 점령했는데 이는 미국 등 구미 열강의 병력을 훨씬 능가하는 규모였다. 이들 열강 군대들은 시베리아 주둔 연합군 총사령부를 성립하고 공동작전을 추구했지만 러시아와 러시아 주민들에 대한 정책의 방향과 개입 여부를 둘러싸고 갈등을 빚었다. 미국·영국·프랑스 등 열강은 '출병'과 계속 주둔의 목적이 사라졌다고 판단하고 1920년 3월까지 완전 철수하게 되지만, 일본은 1922년 10월 말(북사할린의 경우 1925년)까지 러시아 영토에 주둔하며 러시아 내정에 깊숙이 개입하고 러시아인들, 특히 혁명파를 지지하는 주민들에 대한 잔인한 학살 행위를 자행했다.

시베리아 내전 기간에 대부분의 한인들은 일본군이 지원하는 백위파군과 싸우던 볼셰비키 측의 적위파군에 가담했다. 이들 가운데 한인사 회당 등 한인 혁명 세력은 친볼셰비키적 노선을 취하고 적위파에 가담했던 바, 시베리아 내전에 가담한 미국 등 구미 열강의 군대가 일본군대와 협력하던 사실에 주목하고 있었다. 이들은 이들 구미 열강과 일본이 주도하던 파리강화회의에 기대를 걸지 않았을 뿐만 아니라 신흥 소비에트 정부와 볼셰비키 세력이 주도하는 국제공산당(Comintern)에 가입하여 협조를 얻고자 했다.

제1차 세계대전의 종결 - 베르사유체제

제1차 세계대전은 근대적 서구문명의 담지자와 전파자의 역할을 자임하던 유럽의 열강이 첨단 과학기술로 생산한 인명 살상 무기들을 동원한 전쟁으로서 처절한 인류 '문명 파괴'의 결과를 가져왔다. 그리하여 제1차 세계대전 이후 제한적이지만 우드로 윌슨의 14개 조 원칙, 특히 민족자결주의를 원칙으로 한 세계 '개조'와 평화 보장을 위한 질서를 만들어야 한다는 분위기가 형성되었다.

3.1 운동을 기획한 한인 지도자들은 이러한 세계 개조의 분위기에 기

대를 걸고 파리강화회의에서 한국의 독립 문제가 의제로 다뤄질 수 있기를 기대했다. 이러한 목표를 달성하기 위해 파견된 파리강화회의 대표들의 활동을 뒷받침하기 위하여 한민족은 국내외에서 독립 의지와 능력을 과시하기 위한 평화적인 만세 시위운동을 전개했다.

국내외 한인들 대다수는 미국 대통령의 민족자결주의에 큰 기대를 걸었지만 연합국의 일원인 일본의 식민지로서 한국의 독립 문제는 애초부터 의제에 포함될 수 없었다. 다만 3.1 운동을 계기로 한민족의 독립 의지를 대외적으로 과시하고 정치 이념적으로도 국민이 주권을 갖는 공화주의가 한국 사회에 널리 받아들여지게 되었다. 특히 한국 사회의 각계각층의 다양한 부문의 구성원들이 주인의식을 갖고 적극적인 사회운동을 전개하게 되는 전환점이 되었다. 그러나 3.1 운동의 지도자들을 비롯하여 대다수 한국의 독립운동 세력은 미국 등 열강이 일본과 같은 제국주의 국가로서 제1차 세계대전에서 같은 연합국 진영이었던 사실을 철저히 인식하지 못했던 바, 이는 뼈저린 역사의 교훈으로 남아 있다.

이와 더불어 3.1 운동에서 드러난 독립 의지의 구체적 실현으로서 대한민국임시정부가 성립된 역사적 의의는 분명 인정할 필요가 있다. 그러나 파리강화회의를 주도한 구미 열강에 대한 지나친 기대에서 단기간 내에 독립을 달성할 수 있다는 전망에 근거하여 국가권력 체제의 형식을 갖춘 '임시정부'를 서둘러 수립한 것이 실질적인 독립운동의 추진을 위해 바람직했는가 여부는 논란의 여지가 있다. 3.1 운동 이후 국내외에서 '임시정부'가 적어도 여섯 개나 조직된 것은 다양한 주도 세력들 간의 경쟁과 권력투쟁의 산물이었다는 점 역시 부인할 수 없는 사실이다. '임시정부'라는 복잡한 국가 체제를 택함으로써 독립운동은 비효율적일 수밖에 없었고 구성원들 간에 비생산적이며 소모적인 '권력투쟁'의 폐해를 낳기도 했다. 당시에도 소수에 불과하지만 일부의 지도자들이 이러한 문제점을 지적하며 '임시정부' 대신에 '혁명 정당'을 조직해야 한다고 주장했다.

파리강화회의에 이어 임시정부를 비롯한 한국 독립운동 세력은 미국의 주도로 '군비 축소'와 중국 문제 등 동아시아의 질서 재편을 위해 개최된 워싱턴회의(1921.11.12-1922.2.6)에도 기대를 걸었다. 워싱턴회의는 오랫동안 일본의 세력 증강과 대륙 침략의 기틀을 제공해 왔던 영일동맹이 폐기되는 계기를 가져왔다. 제국주의 열강 간의 외교적 타협을 통한 동아시아에서의 질서 재편을 위해 개최된 워싱턴회의에서 파리강화회의에서처럼 한국의 독립 문제가 거론되지 않았다.

워싱턴회의에 맞서 신흥 소비에트 정부와 코민테른은 모스크바에서 극동노력자대회(또는 '극동민족대회', '원동민족혁명단체대표회의', 1922.1.21-2.1)를 개최했다. 이 대회에서 56명의 최다수 대표들이 참가한 한국을 비롯하여 중국, 일본, 몽골 등의 대표들은 러시아 볼셰비키들과 코민테른 간부들과 아시아 각국의 혁명운동을 주제로 토의했다. 제국주의 열강이 주도하는 국제회의에 크게 실망하던 식민지·반식민지민족의 독립운동가들이 크게 고무되고 소비에트 정부와 국제공산당에 커다란 기대를 건 것은 매우 자연스러운 일이었다. 파리강화회의에 대표로 파견되었던 김규식이 회의 참가 '조선대표단'의 단장으로 활약했고, 기조연설에서 구미 제국주의 국가들을 '흡혈귀(bloodsuckers)'라며 비판했다.

미국·영국·일본·프랑스 등 구미 제국주의 국가들의 워싱턴회의와 이에 맞서 신흥 소비에트 정부의 주도로 개최된 극동노력자대회에 한국의 독립운동 세력이 각각 양분되어 파견된 사실은 훗날 분단 비극의 전조를 볼 수 있다.

워싱턴 체제 - '상대적 안정기'

워싱턴회의의 결과 유럽에서의 베르사유체제처럼 동아시아, 태평양 지역에서 워싱턴 체제가 성립되었다. 1920년대는 이른바 '상대적 안정기'로서 일본과 구미 열강이 외교적 타협과 조정을 통해서 대립과 갈등을 피해 갔다.

다른 한편으로는 세계 최초의 사회주의국가를 탄생시킨 러시아혁명의 영향으로 식민지·반식민지의 피압박 민족의 민족해방운동이 크게 고조되어 갔다. 신흥 소비에트 국가의 등장과 이를 배경으로 한 국제공산당(Comintern)이 지도하는 국제 공산주의 운동이 식민지·반식민지에서의 민족해방운동에 적지 않은 영향력을 갖게 되었다. 소련의 등장은 워싱턴 체제에 대항하는 반제·반식민의 국제적 연대 세력이 형성되는 결정적 계기가 되었던 것이다.

워싱턴회의는 미국과 영국이 제1차 세계대전 이후 신흥 강대국으로 부상한 일본을 견제하는 것을 또 다른 목적으로 삼고 있었다. 그 결과 산둥반도에서의 일본의 이권 반환, 21개조의 폐기 등이 이뤄졌다. 파리강화회의에서 중국인들의 요구를 무시한 열강에 실망하여 발생한 5.4 운동의 영향으로 중국에서는 반서구·반제국주의 운동이 고조되어 갔고, 반외세 국민혁명을 둘러싸고 중국 국민당과 소비에트러시아와 국제공산당의 지원을 배경으로 한 중국공산당 간의 각축과 합작이 시작되었다.

1922년 말, 시베리아 내전의 종결로 신흥 소비에트는 내전의 혼란을 수습하고 체제 정비에 나섰다. 시베리아 내전 이후 신흥 소비에트러시아에서 한인들의 무장 활동은 전면 금지되었다. 시베리아 내전에서의 승리와 열강 간의 갈등과 대립을 조장함으로써 반혁명적 백위파 척결과 일본군의 철수라는 목표를 달성한 볼셰비키 정권은 이제 체제 안정의 방책을 취하여 일본과의 외교적 마찰을 회피하고자 했다.

소비에트 정부의 이러한 정책 변화에 부응하여 러시아혁명과 시베리아 내전에서 친볼셰비키적인 적위파 빨치산 활동에 참여했던 한인 혁명가들은 러시아 원동 지역에서 각 부문의 사회주의 건설에 참여했다. 다른 한편, 민족주의적 성향을 가진 한국 독립운동 세력은 만주로 이동하여 재기를 노렸고, 1920년대 중반 이후에 이르러 사회주의적 성향의 혁명가들은 상해, 남경, 광동 등 중국 관내 지역으로 이동하여 국공합작 이후 개시된 중국 국민혁명(북벌)에 참가했다. 이들과 함께 중국공산당 측에서 활동했던 한인 혁명가들이 국민당의 반공 쿠데타(1927.4)로 다수가 희생되기도 했다. 1920년대 국제연대와 한중 공조의 정신에 따라 중국 혁명에 참가했던 한국 혁명가들의 희생적 활동은 그다지 많이 알려져 있지 않고 제대로 정리되어 있지 않아 향후 중요한 연구 과제의 하나다.

국내에서는 3.1 운동에 대한 정책적 대응으로서 일본 식민 당국이 이른바 '문화정치'를 실시하고 체제 내의 언론, 교육, 문화, 사회운동을 허용하게 됨으로써 국내에서의 민족, 사회운동이 활성화되었다. 3.1 운동의 과정을 통하여 운동 세력으로 새롭게 등장한 청년, 학생, 여성, 노동, 농민 등 여러 계층의 사회 세력이 민족운동을 주도하게 되었고, 소련과 국제공산당의 지도와 지원을 받은 공산주의 운동 역시 국내로 중심을 옮겨 이들 각 부문에서의 사회운동을 이끌어 나가게 되었다.

1920년대는 일제의 식민통치 중에도 국내에서의 민족운동이 가장 활성화되었던 시기라 할 수 있지만, 근본적으로 일제 식민통치의 직접적 통제를 벗어날 수 없다는 한계를 갖고 있었다. 조선공산당(1925-1928)의 운동이나 민족 연합의 신간회운동, 일제하 노동운동의 정점을 장식했던 원산

총파업(1929.1–4), 광주학생운동(1929.11–1930.3) 등의 항일운동이 큰 성과를 거두지 못하게 된 것은 일제의 폭압적인 탄압 때문이었다.

국제 파시스트 진영 - 국제 민주 진영의 대두기

1920년대의 '상대적 안정기'를 깨뜨린 것은 1929년 이후 확산된 세계대공황이었다. 그리하여 유럽과 동아시아에서 파시즘과 군국주의를 내세운 정권들이 등장하게 되었다. 자본주의 체제의 위기를 극복하기 위하여 독일, 이탈리아, 일본 등 후발 자본주의국가들은 대외 침략에 나서게 되는 바, 이로써 국제적 제국주의 진영이 분열이 시작된 것이다.

일본은 워싱턴 체제 속에서 미·영·불과의 외교적 타협으로 국가이익을 추구하던 외교노선(Shidehara Diplomacy, 弊源外交)을 버리고 이들 구미 열강과 대결하는 노선을 선택했다. 이후 일본은 대륙 침략(1931년 만주사변, 1937년 중일전쟁)에 이어 유럽 열강의 동남아 식민지에 대한 침략(1940년 인도차이나 북부 공격)을 감행한 데 이어 미국의 진주만을 공격하기에 이르렀다(1941.12). 한국 독립운동 세력에게는 국제 민주 진영에 가담하여 '독립전쟁'을 전개할 수 있는 조건이 형성된 것이다.

만주 침략과 만주국 건립으로 동북 지역에서 활동하던 한국 독립운동 세력은 일제의 직접적인 침략 전선에서 활동하게 되었다. 이에 일본의 분열 공작과 탄압은 보다 강화되었는데, 1932년 중국공산당 내에서 항일운동을 전개하는 한인 공산주의자들을 색출하기 위한 첩보조직으로 친일분자들에 의하여 민생단(民生團) 조직이 결성되었다. 그리하여 이들 민생단의 활동에 의한 피해가 심화되자 중국공산당은 조직 내에 침투한 민생단원들을 색출하기 위한 투쟁('반민생단 투쟁')을 전개하게 되는데, 그 과정에서 수많은 한인 공산주의자가 무고하게 희생되었다(한홍구, 김성호의 민생단에 관한 박사 학위 논문).

그럼에도 불구하고 일본의 침략 전선이 동북 지역에서 중국 관내 지역으로 확대되고, 중국민의 항일 투쟁이 고조되면서 중국 관내 지역에서 독립운동의 조건은 호전되었다고 말할 수 있다. 특히 윤봉길 의거(1932.4) 이후 임시정부 등 한국 독립운동 세력에 대한 중국의 우호적인 지원과 협조가 확대되어 갔다. 중일전쟁(1937.7)과 그에 이은 국공합작의 성립으로 중경의 국민당 정부는 물론 서북지역 연안의 중국공산당 역시 좌우의 정치 노선에 관계없이 한국 독립운동 세력에게 우호적인 입장과 지원을 아끼지 않았다. 주지하는 바, 김구가 이끌던 한독당과 대한민국임시정부, 김원봉의 조선민족혁명당에 대한 중국 국민당 정부의 지원, 재화북조선독립동맹에 대한 중국공산당의 지원이 그 대표적인 사례이다.

중국 동북 지역에서 중국공산당은 한인들이 다수를 점하던 동북 항일연군의 대일 항전을 적극 지도했다. 한 연구에 따르면, 동북 항일연군 제2군은 전군의 90%, 제7군의 경우는 거의 모두가 한인이었다. 제3군이나 제1군에도 한인들이 주요한 직책을 맡음으로써 지도적 역할을 수행했다[石原華, 「한국의 독립운동과 중국공산당」『한국독립운동의 세계사적 성격』(단국대 동양학연구원, 단국대학교출판부, 2017), 347쪽 참조].

중국이나 동북 지역과 비교할 때 러시아 원동 지역의 한국 독립운동 세력은 최악의 상황을 맞고 있었다. 만주사변 이전인 1929년 만주군벌 장학량의 도발로 발발한 동중철도 사건에서 과거 항일운동에 참여했던 한인들이 소련의 원동특립부대 소속으로 만주군벌과의 전투에 참전했다. 동중철도 사건으로 만주와 러시아 원동 지역 간의 국경이 봉쇄되고 국경에 위치했던 한인 마을들이 대거 폐쇄되었다. 국경에서 거리가 먼 지역으로 강제 이주가 단행되었던 바, 이는 러시아 원동 지역 내에서 단행된 지역 차원의 강제 이주로서 1937년 중앙아시아로의 전면 강제 이주를 예고한 것이기도 하다.

소련은 신생 사회주의국가로서 유럽에서는 히틀러 나치 정권의 집권, 원동에서는 만주 침략(1931)과 만주국 건립(1932)으로 대륙 침략을 본격화한 군국주의 일본의 도발에 심각한 위기를 느꼈다. 소련은 일본과의 무력 충돌을 방지하기 위하여 궁극적으로 '소·일 불가침조약'을 체결하고자 일본과 집요한 외교적 협상을 기울이는 한편, 만주를 가로지르고 있어 무력 충돌의 도화선으로 비화될 가능성이 높은 동중철도의 매각 협상을 벌였다.

마침내 1935년, 제정 시기부터 애지중지하며 지켜왔던 동중철도를 만주국(즉 일본)에 매각했는데, 이는 혹시 있을 수 있는 일본의 도발을 미연에 방지하기 위한 불가피한 선택이었다. 동중철도 매각은 스탈린을 세계혁명의 수령으로, 소련을 사회주의 조국으로 간주하던 많은 한인 공산주의자들에게 큰 충격을 안겨 준 사건이었다.

독일과 일본 그리고 이탈리아 3국은 반코민테른(Anti-comintern Pact, 防共協定, 1936.11 독일과 일본, 1937.11 이탈리아 참여)을 체결했는데, 소련을 대상으로 한 국제적 파시스트 진영의 형성을 의미했던 바, 동서의 유럽과 원동에서 독일과 일본의 침공을 예고한 듯하여 소련의 위기의식을 한층 심화시켰다.

소련 지도부의 대외적 위기의식의 심화는 결과적으로 한국의 독립운동 세력, 특히 그동안 러시아 내에서 활동했던 한인 혁명가들에게 치명적인 타격을 가하고 말았다. 스탈린은 1930년 전반 이래 1930년대 후반에 이르기까지 엘리트급의 한인 약 2,500명을 대거 숙청했다. 이들에게 씌워진 혐의는 일본과 만주국의 관동군과 연계되어 '반혁명', '반소', '반국가' 행위였다. 이 희생자들은 대부분 러시아혁명 이후 시베리아 내전을 비롯하여 이후 사회주의 건설 과정, 동중철도 사건, 한반도와 중국, 만주 지역의 공산주의적 혁명 활동에서 소련의 반제·반식민지 노선에 적극 참여하며 희생적으로 활동해 오던 항일 투사였다.

한인 엘리트에 대한 대탄압은 스탈린이 당과 군 전반에 걸쳐 포진했다고 믿는 잠재적인 정치적 위협 세력들을 제거한 대숙청(Great Purge)과 같은 맥락에서 자행된 것이지만, 러시아혁명과 소련에 대한 한인혁명 세력의 희생과 기여를 짓밟은 철저한 배신행위였다. 이와 아울러 스탈린 대탄압이 절정에 올랐던 1937년에 이르러 약 18만에 달하는 극동 러시아 거주 한인들이 중앙아시아로 강제 이주되었는데, 이 역시 일본과의 무력 충돌을 사전에 예방하기 위한 폭력적 조치였다.

이후 소련은 일본군(조선군)과 두만강 하구에서 장고봉(長鼓峰, Changkufeng) 전투(1938.7-8) 그리고 만주, 몽골 국경 지역의 노몬한(Nomonhan, Khalkhin Gol) 전투(1939.5-9)에서 승리를 거뒀다. 이 두 전투는 결과적으로 일본이 소련 침공(북진론)을 유보하고 동남아 진출(南進論)과 진주만공격으로 방향을 전환하게 되어, 결과적으로 일본 패망의 단초를 마련한 요인의 하나로 평가되기도 한다.

국제 파시스트 진영 - 국제 민주 진영의 결전으로서의 제2차 세계대전

제1차 세계대전이 구미 제국주의 열강 간의 식민지 쟁탈전의 성격이 강하고 전쟁의 양 진영의 정치적 성격이 뒤섞여 있었던 데 비하여, 제2차 세계대전은 국제 파시스트·군국주의 진영(독일, 이탈리아, 일본)이 국제 민주주의 진영(미국, 영국, 프랑스, 소련, 중국)에 맞서 싸웠다는 점에서 두 진영의 성격이 명료하게 구분되었다. 특히 제1차 세계대전과 달리 일본이 한국 독립운동 세력들이 활동하던 주요 열강들과 전쟁 상태에 돌입하게 됨으로써 1910년대에 한국의 독립운동 세력이 단기·장기적 전망으로 정리했던 '독립전쟁론'을 실현할 수 있는 최상의 국제 관계를 맞이하게 된 것이다.

일본과 '역사적 원수' 관계에 있던 러시아(소련)는 물론 직접적으로 일본과 힘든 전쟁을 치르고 있는 중국이 한국 독립운동의 우호적일 수밖에 없는 객관적인 상태에 있었다. 그럼에도 불구하고 소련은 독일과 국가 존립의 운명이 걸린 절체절명의 전쟁 상태에 있었고(1941.6), 이에 앞서 일본과 소·일 중립조약을 체결한 상태에 있었다(1941.4). 소·일 중립조약은 소련과 일본이 각각 독일 및 미국과의 전쟁 발발을 염두에 두고 동서에서 두 개의 전선이 형성되는 부담스러운 상황에 대비해서 체결된 것으로 양국 모두에게 대단히 만족스러운 외교적 성과였다.

소련은 미국, 영국, 중국과 같은 연합국의 일원이면서도 일본을 자극함으로써 소·일 중립조약의 파기와 침략의 빌미나 명분을 주지 않으려 세심한 주의를 기울였다. 그리하여 소련은 가능한 한 일본을 자극하지 않도록 한국 독립운동에 대한 지원이나 접촉을 꺼리거나 매우 비밀스럽게 추진했던 것이다. 소·일 중립조약 체결 직후 동북 항일 연군의 만주 귀환을 막은 것이 그 좋은 예이다[정병준, 『광복 직전 독립운동 세력의 동향: 한국 독립운동의 역사(한국독립운동사연구소, 2009), 124쪽)].

소련은 이처럼 일본의 침략과 도발을 미연에 방지하는 조치를 취하는 한편, 일본의 예상되는 침략을 방어하기 위한 정찰 감독과 원동에서의 군사력 증강과 배치를 게을리하지 않았다. 1940년 말, 일본군의 '토벌'을 피해 소련 영토로 이동한 동북 항일 연군은 소련 적군 극동 80여단 산하의 중국 교도려(1942)로 재편되어 일본 패망에 대비한 소규모의 침투 전투와 첩보 활동에 종사했다(石原華, 앞의 글, 349쪽).

글을 마치며

한국의 독립운동과 관련하여 구미 열강은 한국의 독립 문제보다는 자국의 이익과 일본과의 관계를 중시했다. 이는 엄중한 국제 관계의 철칙으로서 이들 열강의 지원과 협력을 필요로 했던 한국의 독립운동 세력에게는 어렵지만 이를 극복해야만 했다. 이러한 냉엄한 국제 질서라는 환경에서도 부단히 조국의 독립을 위해 헌신했던 한국 독립운동가들의 투쟁이 한층 고귀할 수밖에 없는 이유이다.

미국, 소련, 영국, 중국은 일본 제국주의의 패망을 가져온 국제 민주 진영의 연합국들로서 한국 독립운동의 목표인 독립과 해방을 가져다줬다. 그러나 미국과 영국은 일본과 같은 제국주의 국가로서 제2차 세계대전이 발발하기 이전의 오랜 기간 동안 일본의 한국 침략과 통치를 방조하거나 방관했다. 카이로선언의 결과 한국은 독립을 보장받았지만 "일정한 기간 내에(in due course)"라는 제한된 조건이 달린 약속이었다. 미국은 한반도에 대한 국제적 신탁통치 방침을 채택하고 이를 전후에 관철하고자 했고, 전후에도 인도와 이집트 등 식민지에 대한 계속 지배를 원했던 영국 역시 식민지 한국인의 독립 의지를 의심하고 즉각적인 독립에 동의하지 않았다.

사회주의를 국가 이념으로 내세웠던 소련은 미국과 영국 등 구미 열강에 비하여 한국의 즉각적인 독립과 해방을 주장했지만, 미국과 영국의 이러한 정책에 우선적으로 고려하여 자국의 국가이익을 추구하는 방향을 취했다.

서구 제국주의 국가들의 반식민지 상태에 빠져 있던 중국의 경우 1920년대 후반 주권을 회복한 이후, 특히 일본의 침략을 받은 1930년대 이후에는 한국의 독립운동에 우호적이었다. 특히 1937년 중일전쟁 발발 이후에는 한국의 독립운동을 적극 지원했다. 그럼에도 불구하고 중국 역시 미국과 영국의 정책에 적극 반대할 만큼의 위상을 확보하지 못한 상태였고, 전후에는 특히 국공내전에 휘말리게 되면서 한국의 독립 문제에 영향력을 끼칠 수 없었다.

제2차 세계대전에서 국제 민주 진영이 승리함으로써 일본 제국주의는 패배하고 오랫동안 추구해 왔던 독립의 기회가 왔다. 그러나 한편으로 국제 민주 진영에 속했던 열강은 정도의 차이는 있으나 강대국의 입장에서 식민지와 피압박 민족의 완전한 독립과 해방을 즉각적으로 인정하는 대신에 전후 각자의 국가이익을 우선시하는 타협과 이권분배라는 강대국들 특유의 전통적 철칙에 철저했다.

전후 식민지로부터 해방된 새로운 한국 사회의 건설을 둘러싸고 경쟁할 수밖에 없는 정치 세력으로 전환한 한국의 독립운동 세력들은 각자 근거지로 삼아 활동했던 연합국, 특히 미국과 소련의 강력한 영향력에서 벗어나지 못했다. 이들은 각자와 긴밀한 관계를 가졌던 연합국의 국가 이념과 이해관계로부터 자유로울 수 없었던 것이다. 국제 민주 진영에 속했던 연합국들이 사회주의와 자본주의 체제를 둘러싸고 대립하게 되고 상호 대립의 냉전으로 접어든 국제적 환경에서 자주적 통일 정부를 수립하려는 민족 내부의 일부 세력의 노력은 성과를 낼 수 없었다.

열강 간의 상호 대립을 극복하고 민족 통일과 대단합을 통한 자주독립의 통일 정부 수립을 위해 노력한 세력들도 있었지만, 결과적으로 열강의 영향력을 활용한 이들이 독립운동의 경력을 기반으로 권력 장악에 성공한 사실을 통렬한 역사적 교훈으로 삼아야 할 것이다.

크리스토퍼 콜럼버스의 항해와 '아메리카의 발명'[82]

_신정환(한국외국어대학교 스페인어통번역학과 교수)

1492년, 결정적인 해

지정학적으로 볼 때 유라시아 대륙의 서쪽 끝에 위치한 이베리아반도는 동쪽 끝에 위치한 한반도와 마찬가지로 수많은 외침을 받으며 바람 잘 날 없는 격동의 역사를 보여 준다. 그러나 지중해의 변방이던 스페인은 대서양 시대를 개막하면서 세계 최초로 '해가 지지 않는 제국'을 건설했다. 근대의 시작을 알리는 대서양 항로를 개척한 사람은 이탈리아 출신의 크리스토퍼 콜럼버스였다.

역사책을 보다 보면 실로 우연한 사건이 연속되면서 거대한 시대의 물줄기를 돌려놓은 경우를 적지 않게 목격하게 된다. 이런 의미에서 굳이 '시대정신'이란 용어를 들먹이지 않더라도, 역사를 필연적 우연이라 표현하는 것일 거다.

콜럼버스가 미지의 땅에 도착한 1492년, 스페인에는 세계사적으로

82 이 글은 『라틴아메리카의 새로운 지평』(강석영 외, 한국문화사, 2007)에 수록된 글을 크게 수정하지 않고 재수록한 것이다.

볼 때 필연적 우연이라고밖에는 볼 수 없는 많은 일이 중첩되어 일어났다. 1492년 새해(1월 2일)를 맞아 이사벨 여왕은 이베리아반도에 마지막으로 남은 무어인들의 거점인 알함브라 궁전을 함락시키면서 국토 수복 전쟁을 종결시키고 그리스도교 통일국가를 출범시킨다. 국토 수복전이 영토의 통일을 성취했다면 석 달 후인 3월 31일에 선포된 유대인 추방령은 신앙과 인종의 통일성을 꾀하기 위한 것이었다. 이때 약 20만 명의 유대인이 대대로 살던 땅에서 쫓겨나 지중해변의 여러 나라와 북유럽 등을 향해 유랑 길에 나서게 된다.

같은 해 8월 3일은 콜럼버스가 미지의 바다를 가르며 항해를 시작한 날이다. 이로부터 보름 후인 8월 18일 또 하나의 역사적인 일이 있었다. 안달루시아 출신의 언어학자인 안토니오 데 네브리하가 살라망카에서 로망스어로는 최초로 스페인어 문법서를 출간한 것이다. 그는 이사벨 여왕에게 헌정하는 이 책의 서문에서 '언어는 제국의 동반자'라고 진언한다.

두 사건은 신대륙 발견을 위해 신의 섭리가 작용한 절묘한 준비 절차였다. 국토가 통일됨으로써 스페인은 잉여 군사력을 밖으로 투자할 수 있었고, 안토니오 데 네브리하의 의미심장한 말대로 '제국의 동반자'인 언어가 정비됨으로써 타자의 육체와 영혼을 정복하기 위한 제국의 기틀을 마련했던 것이다. 멕시코의 소설가인 카를로스 푸엔테스의 말대로 1492년은 실로 스페인에게 '결정적인 해'였다.

동양 열풍과 콜럼버스의 꿈

15세기 유럽 사회는 항해의 천재였던 포르투갈 사람들에 의해 이미 아시아에 대한 열병으로 몸살을 앓고 있었다. 콜럼버스의 항해는 이 열병의 절정이자 종합이었다. 13세기에 이미 육로를 통해 아시아를 여행했던 마르코 폴로의 여행기 『밀리오레(1298-1299)』는 중국을 황금이 넘치는 이상향으로 그려 놓아 당시 유럽인들의 상상력을 자극하고 콜럼버스의 항해를 부추기는 결정적인 동기가 되었다. 콜럼버스는 아메리카로의 항해 내내 이 책을 옆에 두고 주석을 붙여 가며 탐독했다. 그러나 당시 살아 있던 유럽인들 가운데 아무도 본 적 없는 미지의 세계, 동양은 상상력을 통해서만 그릴 수 있는 동화의 나라였다. 그 가운데 동방을 지배하고 있다는 전설적인 기독교도 제왕인 존 프레스터의 이야기가 나돌았고, 무어족이 스페인을 침략했을 때 서쪽으로 피난을 간 7명의 주교가 건설했다는 아틀란티스 신화가 사람들의 마음을 사로잡았다. 동양에 대한 열풍과 함께 과학의 발전은 콜럼버스의 항해를 가능하게 한 결정적인 요소가 되었다. 콜럼버스 시대에 이미 완고한 성직자들을 제외하고는 식자층 가운데 지구가 둥글다는 것을 의심하는 사람은 없었다. 따라서 대서양을 횡단해 동양에 다다를 수 있다는 생각 역시 콜럼버스만의 것은 아니었다. 콜럼버스의 등장은 결국 시대가 마련해 놓은 필연이었던 셈이다.

역사상 가장 위대한 항해자였던 콜럼버스의 삶에 대해서는 많은 부분이 아직도 베일에 가려져 있으며 실물 초상화도 한 점 없는 실정이다. 단지 그가 남긴 편지, 일기, 보고서 등과 아들 페르난도가 남긴 아버지의 전기를 통해 추측해 볼 뿐이다. 심지어 제노바 사람들의 언어를 쓸 줄도 모르고 주로 스페인어를 사용했던 그가 이탈리아 제노바 출신이라는 것에 대해서도 의문이 제기되고 있다. 그의 출생 연도도 기존에 알려진 것처럼 1451년이 아니라 1446년이라는 설이 제기되는 실정이다. 이 모든 의혹은 명문가 출신이 아니었던 콜럼버스가 자신의 미천한 출신을 감추려는 의도에서 비롯되었다고 볼 수 있다. 그러나 무엇보다 흥미를 끄는 대목은 이미 콜럼버스 이전에 아메리카에 도달한 사람들이 있었고 그는 이들로부터 정보를 입수하여 대서양 횡단의 성공을 확신하고 있었을지 모른다는 의혹이다. 심지어는 콜럼버스 자신이 이미 신대륙을 다녀온 적이 있을지도 모른다는 주장도 제기된다. 이를 가리켜 학계에서는 '콜럼버스의 비밀'이라 부른다.

지금까지 인정된 설을 토대로 콜럼버스의 전기를 요약하면 다음과 같다. 그는 1446년 혹은 1451년에 제노바에서 출생했고, 양모를 짜는 장인이었던 아버지의 이름은 도메니코였으며, 밑으로 세 명의 남동생과 한 명의 여동생이 있었다. 콜럼버스는 1473년까지 경제적으로 힘든 아버지를 위해 일하다가 이후 자신의 길을 본격적으로 걷기 시작한다. 1473–1476년 사이의 기간이 역사가들이 밝혀내지 못한 수수께끼의 시기이다. 일부 학자들은 1473년에 해적 생활을 시작했다고 추측하기도 한다. 당시 상당수의 해적은 특정 왕실이나 공화국에 소속된 일종의 비정규군으로서 오늘날 생각하는 것만큼 수치스러운 경력은 아니었다. 1476년에 콜럼버스는 타고 있던 배가 난파당해 포르투갈 해안에 도달한 이후, 당시 번영하던 리스본에 정착했다. 그는 이 도시가 자신에게 경제적 독립과 신분 상승을 가능케 해 줄 최적의 장소라 보았던 것이다.

콜럼버스는 1477년경에 이탈리아의 인문주의자인 토스카넬리 이론을 접하고 지구가 둥글다는 것을 확신한다. 그러나 그가 대서양을 통해 인도에 가겠다는 생각을 구체적으로 품은 것은 같은 해 영국과 아일랜드를 여행한 후였을 것이다. 그는 이 여행에서 이미 오래전에 바이킹족들이 대서양을 건너가 전설적인 땅을 발견했다는 이야기와 다른 한편으로는 중국 사람들이 대서양을 건너와 아일랜드에 도달했다는 말을 들었다. 따라서 적어도 1477년에는 콜럼버스가 서쪽 바다를 횡단해 동양에 가겠다는 생각을 품기 시작했다고 볼 수 있다. 그러나 역시 구체적인 항해 계획은 토스카넬리의 이론이 바탕이었다. 토스카넬리는 1474년 당시 포르투갈 왕이던 알폰소 5세에게 대서양을 통하면 동양으로 더 빨리 갈 수 있다고 제안하지만 받아들여지지 않는다. 포르투갈 관리를 통해 토스카넬리의 서신 사본을 입수한 콜럼버스는 그 내용을 면밀하게 분석했다.

1479년에 진행된 귀족 가문의 아가씨 펠리파와의 결혼은 콜럼버스가 포르투갈 사회에 정착하고 더 나아가 상류층으로 신분 상승을 하는 데 도움을 줬다. 이를 발판으로 그는 고위 관료들과 교제를 통해 왕실에 접근했다. 콜럼버스는 1482년 포르투갈의 국왕 조앙 2세에게 항해 계획을 보고했으나 아프리카 항로에 더 관심이 많던 국왕은 이론적인 문제점과 막대한 자금 소요를 이유로 들어 거부한다. 같은 해에 부인이 어린 아들 디에고를 남겨 놓고 사망했다. 이미 리스본에서 많은 빚을 지고 있던 콜럼버스는 포르투갈 왕실에서 더 이상 기대할 것이 없다고 판단하여 도망치듯 스페인으로 향했다.

스페인에 온 콜럼버스는 프란시스코회 소속의 라비다 수도원에 디에고를 맡기고 수도원장인 후안 뻬레스 신부 그리고 그와 가까운 성직자들을 통해 영향력 있는 스페인 귀족들과 친교를 맺어 왕실을 드나들었다. 그리고 마침내 1486년 5월 코르도바에서 가톨릭 공동왕(Reyes Católicos)을 알현할 수 있었다. 이사벨 여왕은 콜럼버스의 제안을 듣고 살라망카 위원회를 만들어 심사하게 했는데 결론은 부정적인 것이었다. 그러나 1491년 8월 가톨릭 공동왕은 콜럼버스의 제안을 재고해 보기로 결정했고 마침내 1492년 4월 17일 항해를 승인하게 된다.

이날 스페인 왕실과 콜럼버스 사이에 맺어진 산타페 협약에 따르면 콜럼버스가 항해에 성공했을 경우 누리게 될 권리는 파격적인 것이었다. 그는 우선 세습 귀족 자격과 해군 제독의 계급 그리고 발견하는 모든 땅의 총독 겸 최고행정관의 직함을 요구했다. 경제적으로는 새로운 땅에서 얻는 수입의 10분의 1과 무역거래에 8분의 1 지분을 가지고 참여할 수 있는 권리를 요구했다. 더 나아가 이 모든 자격과 권리가 후손들에게 세습되어야 한다고 못 박았다. 참으로 대담한 요구였으나 스페인 왕실의 바닥난 금고 사정을 볼 때 이 고집불통의 이탈리아인이 호언장담하던 막대한 부는 떨치기 힘든 유혹이었을 것이다.

두 세계의 만남

1492년 8월 3일 새벽, 제독으로 임명된 콜럼버스는 산타 마리아, 핀타, 니냐 등 세 척의 배를 이끌고 팔로스 항구를 떠나 미지의 바다를 가르기 시작했다. 카나리아 군도에 들러 4주간 머물면서 배를 정비하고 보급품을 공급받은 후 콜럼버스는 9월 6일 본격적인 닻을 올렸다. 선단은 무역풍을 타고 항해했는데 일 년 내내 서쪽으로 부는 이 무역풍의 발견 역시 콜럼버스의 위대한 업적에 속한다. 그러나 항해는 예상보다 오래 걸렸고 날이 갈수록 선원들의 두려움도 커져만 갔다. 예상보다 항해 기간이 늘어난 건 콜럼버스가 의존했던 토스카넬리의 거리측정법의 오류에서 비롯되었다. 토스카넬리는 카나리아 군도와 지팡고(일본) 사이의 거리를 2,400마일로 추정했고 이를 참조해 콜럼버스는 그 거리가 3,000마일일 것이라고 계산했다. 그러나 이는 실제 1만 700마일에 달하는 것으로 밝혀진 카나리아와 일본 사이의 거리는 물론 카나리아와 카리브 제도 사이의 거리보다도 짧은 것이었다. 지구는 당시 유럽인들이 상상했던 것보다 훨씬 더 큰 구체였던 것이다.

마침내 1492년 10월 12일 새벽 2시경 핀타호의 선원이었던 로드리고 데 트리아나가 육지를 발견했다. 최근의 연구에 따르면 콜럼버스가 처음 상륙한 그 섬은 오늘날 바하마 군도의 사마나카이라는 이름을 가진 섬이라고 추정된다. 콜럼버스는 제독 복장을 입고 해안에 상륙해 '산살바도르(구세주)'라는 이름을 붙이고 스페인 왕실의 영토로 선언했다. 곧이어 호기심에 가득 찬 표정을 한 알몸의 원주민들이 해변으로 나왔다. 아루악족에 속하는 원주민들은 이방인들을 호의적으로 대했으며 자신들이 귀하게 여기는 물건들을 선물했다. 그러나 인도나 일본에 도착했다고 믿은 콜럼버스는 인근의 섬들을 샅샅이 뒤지고 다녀도 가장 큰 관심거리였던 황금을 발견하지 못했다. 1493년 1월 4일, 콜럼버스는 산타 마리아호의 침몰로 모든 선원을 데려갈 수 없게 되자 '라나비닷(크리스마스)'이라는 아메리카 대륙 최초의 정착촌에 39명의 대원을 남겨 둔 채 귀환 길에 올랐다.

콜럼버스는 1차 항해의 결과에 고무된 스페인 왕실의 본격적인 지원을 받아 1493년 9월 25일, 두 번째 항해에 나섰다. 17척의 배와 1,200여 명의 선원으로 구성된 대규모 선단이었다. 동행하는 성직자들과 대포와 말을 가진 군대 그리고 함께 가져가는 씨앗과 가축 등은 이 항해의 성격을 잘 말해준다. 즉 1차 항해의 목적이 새로운 항로의 발견에 있었다면 2차 항해는 황금을 찾고 원주민들을 개종시키는 본격적인 식민지 사업에 그 목적이 있었던 것이다. 그들은 목적지에 도착한 후 정착촌 라나비닷이 폐허가 되고 39명의 대원 모두 살해당한 것을 발견했다. 이는 정착민들이 원주민들을 착취하고 재산을 강탈하고 여자들을 겁탈하는 만행을 부리자 참다못한 원주민들이 들고일어난 결과였다.

콜럼버스는 이사벨라에 정착촌을 건설하고 오늘날의 아이티인 히스파니올라섬과 자메이카 그리고 쿠바 등 카리브해를 샅샅이 누비고 다녔다. 하지만 기대했던 대규모 금광도, 그곳이 약속의 땅 지팡고나 카타이(중국)라는 증거도 발견되지 않았다. 콜럼버스가 섬들을 항해하고 다니는 동안 정착촌의 스페인인들은 독자적으로 금을 찾는 데 혈안이 되었고 이 과정에서 그들은 원주민들을 약탈하고 노예처럼 착취했다. 원주민들은 침략자들을 몰아내기 위해 무력으로 저항했으나 대포와 기병으로 무장한 스페인인들에게 대항할 수 없었다. 이제 원주민들의 조직적인 학살이 시작되었고 구세계와 신세계의 적대 관계는 돌이킬 수 없게 되었다. 콜럼버스는 자신의 영토 안에 질서를 세운 다음 조직적인 수탈을 계획했으나 이는 하루빨리 금을 캐 모아 일확천금을 얻으려는 부하들과 갈등을 야기했다. 콜럼버스 역시 궁극적으로는 식민지 수탈에 앞장선 침략자에 지나지 않았다. 그는 자신의 통치권을 확실히 하기 위해 항거하는 원주민들의 학살을 지시했고 이를 신의 이름으로 합리화했다. 그는 동생인 바르톨로메를 통치자로 남겨 놓고 1496년 3월, 귀국길에 올랐다.

1498년 5월, 콜럼버스는 여섯 척의 배를 이끌고 세 번째 항해에 나섰다. 이 항해에서 그는 트리니다드섬을 거쳐 남미 대륙의 오리노코강을 발견했다. 그 땅이 유럽과 아시아 사이를 가로막는 거대한 대륙의 일부분이라는 사실을 알지 못했던 콜럼버스는 카리브해의 히스파니올라섬에 새로 건설한 정착촌인 산토도밍고에 도착해 총독의 임무를 시작했다. 그러나 상황은 최악이었다. 이주민들은 의무를 게을리한 채 사리사욕을 채우는 데 급급했고 프란시스코 롤단이라는 사람을 중심으로 패거리를 만들어 콜럼버스에 저항했다. 총독의 직무 능력이 없다고 판단한 가톨릭 공동왕은 1499년 마침내 콜럼버스를 해임하기로 하고 프란시스코 보바디야에게 최고 재판관의 임무를 주어 파견했다. 신대륙에 도착한 보바디야는 1500년 10월, 총독과 그의 두 동생을 체포하여 스페인으로 압송했다. 공동왕은 1501년

니콜라스 데 오반도를 새 총독으로 임명함으로써 콜럼버스가 지녔던 특권을 박탈했다. 세 번째 항해의 종착지는 파국 그 자체였다. 스페인이 카리브 바다에서 우왕좌왕하는 와중에 포르투갈은 몇 차례의 빛나는 항해를 통해 실속을 챙기고 있었다. 1497년 바스코 다 가마가 최초로 희망봉을 돌아 인도에 도달했고 페드로 알바레스 카브랄은 남미 대륙의 해안에 도달해 오늘날의 브라질을 발견했다. 카브랄은 또 인도로 항해해 향신료를 가득 싣고 유럽으로 귀환하는 성과를 거뒀다. 이에 자극받은 스페인 왕실은 다시 한 번 콜럼버스의 항해 능력을 기대했고 분노와 실의에 빠져 있던 콜럼버스 역시 과거의 실패를 만회할 대항해를 계획했다. 그것은 대서양을 건너 아시아에 도달한 다음 아프리카 대륙 남단을 돌아 스페인으로 귀환하는 세계 일주 항해였다. 1502년 5월, 콜럼버스는 대규모 선단을 이끌고 히스파니올라섬과 쿠바를 거쳐 마침내 오늘날 온두라스가 위치하고 있는 중앙아메리카 대륙의 동해안에 도달했다. 그곳이 아시아 대륙이라 확신한 그는 유럽으로 통하는 서쪽 항로를 찾으려고 계속 해안을 따라 남하해 니카라과, 코스타리카 그리고 파나마 해안까지 이르렀다. 그러나 서쪽으로 가는 뱃길은 발견되지 않았고 선원들은 폭풍우와 원주민들의 공격을 받으며 많은 희생자를 낳았다. 게다가 배는 썩고 물이 새어 들어왔다. 더 이상 항해를 계속할 수 없는 비참한 상황에서 콜럼버스는 뱃머리를 돌릴 수밖에 없었다. 그리고 1504년 9월, 다시는 볼 수 없는 아메리카 땅을 떠나 스페인으로 귀환했다. 자신이 '일생일대의 항해'라 명명한 마지막 항해는 이렇게 허망하게 끝났다. 그 위대한 항해는 15년 후 마젤란과 엘카노에 의해 실현된다.

스페인에 돌아온 콜럼버스는 세인의 무관심 속에 자신의 권리를 찾기 위해 동분서주했다. 그러나 그는 이미 왕실의 신뢰를 잃은 지 오래였다. 게다가 1504년 11월, 일생동안 든든한 후원자가 되어 줬던 이사벨 여왕이 세상을 떠나자 그는 결정적으로 버림받는다. 스페인 왕실의 대답을 끝내 듣지 못한 그는 1506년 5월 20일, 쓸쓸하게 세상을 하직했다.

위대한 발견자인가, 파렴치한 장사꾼인가?

역마살이 끼었다고밖에 말할 수 없는 콜럼버스의 운명은 사후에도 반복되었다. 바야돌리드에서 세상을 떠난 그의 유해는 세비야 성당에 안치되었다가 자신이 개척한 바다를 건너 산토도밍고로 옮겨졌고 이후 프랑스의 침략을 피해 쿠바의 아바나로 운구되었다. 이후 그는 다시 스페인으로 옮겨져 세비야 대성당 내에 마지막 안식처를 찾았다. 성당에 들어서면 스페인의 대표적인 네 왕국의 국왕이 그의 관을 들고 가는 모습이 조각되어 있다. 이 장엄한 조각은 스페인 역사에서 그의 위치를 상징적으로 대변한다.[83]

역사가들은 콜럼버스라는 인물의 성격에 대해 뛰어난 영웅에서 파렴치한 장사꾼에 이르기까지 극단적으로 엇갈리는 평가를 내리고 있다. 그는 의심할 나위 없이 역사상 가장 위대한 항해자요 미래를 내다볼 줄 아는 천재였으나 다른 한편으로는 탐욕스러운 제국주의자이자 실패한 경영인이었다. 또한 성경 말씀과 하느님의 섭리를 의심 없이 믿는 경건한 신앙인인 동시에 원주민들의 인권을 유린하고 노예로 부려먹은 침략자였다.

그렇다면 과연 무엇이 그를 인류 역사상 가장 위대한 항해사이자 모험

---

83 그러나 흥미롭게도 최근의 연구는 현재 세비야에 안치된 유해가 콜럼버스의 것이 아니라는 주장을 제기해 이 위대한 항해자의 안식을 방해한다. 산토도밍고에서 아바나로 옮겨지는 과정에서 아들인 디에고의 관과 뒤바뀌었다는 것이다. 이것 역시 콜럼버스에 대한 수많은 의혹 가운데 하나로 추가될 것이다.

가로 만들어 줬을까? 그것은 자신의 전 생애와 엄청난 의지력을 오직 한 가지 일에만 바쳤기 때문이다. 쇼펜하우어의 말대로 어떤 물건의 발견자는 우연히 손에 들어온 것을 그냥 내버리는 사람이 아니라 그 가치를 인식하고 보관하는 사람이다. 이런 점에서 비록 콜럼버스가 아메리카의 존재를 알았던 최초의 유럽인은 아니라 할지라도 그는 분명 그 미지의 대륙을 인류의 보편사에 편입시킨 사람이었다.

콜럼버스는 일확천금의 망상에 사로잡힌 허황된 몽상가가 아니었다. 비록 가문도 학력도 보잘것없었으나 그는 확고한 신념을 바탕으로 끊임없이 노력하는 사람이었다. 그는 천문학과 라틴어뿐만 아니라 문법, 철학, 신학을 독학한 뒤 자신의 가설을 과학적으로 입증했다. 또한 구약의 예언자들, 그리스 지리학자들 그리고 자신의 견해를 종합해 국왕들을 설득했다. 그가 항해를 위해 읽은 지리서, 역사서, 연대기, 철학서 등 2,000권이 넘는 방대한 양의 책은 지금 세비야 대성당의 콜럼버스 도서관에 전시되어 있다.

콜럼버스는 한 가지 목표를 세우면 그것을 이루기 위해 모든 수단을 동원했다. 또한 그는 거칠 것 없는 사고와 풍부한 상상력을 가진 감성의 소유자이기도 했다. 잘 알려진 '콜럼버스의 달걀' 일화가 말해 주듯이 그는 과감한 사고의 전환을 할 줄 알았고 국왕을 설득하기 위해 때로는 픽션에 가까운 거짓 보고서를 쓰기도 했다. 이 덕분에 보잘것없는 카리브해의 작은 섬들은 '선량한 야만인'과 황금이 넘치는 지구상의 가장 아름다운 낙원으로 치장되었다. 이 때문에 그의 항해일지와 보고서는 중남미 문학의 효시로 간주되기도 한다. 쿠바가 섬이 아니라 꿈에도 바라는 아시아 대륙임을 스페인 왕실에 믿게 하기 위해 부하들에게 목숨을 건 거짓 맹세를 강요하는 데에서 그의 상상력은 절정에 달한다.

수단과 방법을 가리지 않고 많은 무리수를 뒀던 콜럼버스의 집념은 많은 적을 만들었고 결국 불행한 말년을 자초했다. 또한 추진력과 끈기는 있었으나 장기적인 안목에서의 결단이 부족했고 부하 통솔 능력이 부족했다는 점도 부인하지 못할 것이다. 콜럼버스는 의심할 나위 없이 역사상 가장 위대한 항해자 가운데 한 사람이었으나 유능한 행정가는 아니었던 것이다.

아메리카, 발견인가 발명인가

아르헨티나 출신의 철학자인 엔리케 두셀은 1492년에 시작된 아메리카 발견과 정복이 서구 근대성의 시작이며 유럽 중심주의의 기원이라고 말한다. 실제로 콜럼버스의 아메리카 발견은 인류의 역사를 바꾸는 일대 사건이었다. 동서고금을 통해 서로의 존재를 몰랐던 이질적인 큰 문명들이 우연히 조우한 것은 일찍이 유례가 없는 일이었다. 대서양 시대가 개막되면서 진정한 의미의 세계사가 시작되었고 바다를 사이에 둔 양 대륙은 엄청난 변화를 겪게 된다. 스페인은 최초의 근대 제국을 이뤘고, 엥겔스의 말대로 신대륙에서 흘러 들어온 금은보화는 근대 유럽 자본주의의 젖줄이 되었다. 타자의 차이를 인정하지 못하고 모든 것을 동질화·계량화시켜야만 직성이 풀리는 서구의 근대성 기획이 본격적으로 시작된다.

유럽의 근대는 아메리카의 파괴를 동반한다. 정복자들은 원주민들의 집과 사원과 궁전을 파괴했고 수많은 문서와 예술품을 소각시켰으며 언어와 신앙을 말살했다. 또한 정복과 식민화 과정에서 인류 역사상 최대 규모의 원주민 학살이 이어졌다. 원주민 문명의 인신공희(人身供犧)를 야만이라 단죄하며 정복의 구실로 삼았던 유럽인들은 8000만 명에 달하는 무고한 원주민을 문명의 제단에서 희생시킨다.[84] 원주민들의 외형적 근거를 파괴한 유럽인들은 더 나아가 영혼마저 정복하여 이들을 사회적 주변부로 내몰았다. 정체성을 잃어버리고 자신으로부터도 소외된 아메리카 사람들은 기나긴 고독의 미로에 갇혀 버린다.

1992년, 유럽과 아메리카 대륙 곳곳에서 콜럼버스 항해 500주년을 기념하는 행사가 거행되었다. 승리한 사람들 혹은 기득권층에 의해 조직된 행사들은 위대한 항해자 콜럼버스를 찬양하고 '야만'의 대륙이 '문명'의 대륙에 편입된 것을 축하했다. 그러나 대부분의 행사에서 진짜 아메리카 사람들이 차지할 자리는 없었다. 학살된 원주민들의 존재와 정복자들에 의해 저질러졌던 범죄는 의도적으로 무시되었고, 살아남은 후손들의 오열은 요란한 폭죽 소리에 파묻혀 버렸다. 엔리케 두셀의 말대로 아메리카 '발견(descubrimiento)' 500년의 역사는 수치스러운 '은폐(encubrimiento)'의 역사였다.

콜럼버스를 '아메리카의 발견자'로 기술한 최초의 텍스트는 1526년 에 출판된 곤살로 페르난데스 데 오비에도의 『인디아스 자연사 개요(Sumario de la natural historia de las Indias)』이다. 이후 콜럼버스는 모든 역사가에 의해 신대륙을 '발견'한 위인으로 의심의 여지없이 받아들여져 왔다. 그렇다면 위대한 항해자 콜럼버스는 진정 아메리카를 '발견'한 것인가? 콜럼버스는 역사가들뿐만 아니라 많은 작가에게도 풍부한 소재를 제공해 주고 있는데, 19세기와 20세기 초반까지의 대부분 작품들이 그의 비범한 능력과

84 아르헨티나의 소설가인 아벨 뽀세는 대표작인 『천국의 개들(Los perros del para⊠so, 1987)』에서 가톨릭 공동왕이 종교재판소를 통해 자행한 유대인 박해와 아메리카에서의 원주민 학살을 근거로 신대륙 발견을 나치즘의 만행에 비교한다.

용기를 찬양하는 신비화 작업에 종사한 반면 20세기 후반에 들어와서는 라틴아메리카 작가들을 중심으로 아메리카의 '발견' 자체를 문제 삼는 탈신비화 작업이 이뤄지고 있다. 위대한 여행자에 대한 상반된 시각은 곧 신대륙과 구대륙의 극명한 시각 차이이기도 하다.

예를 들어, 미국 작가인 워싱턴 어빙은 『콜럼버스의 삶과 항해(1828)』에서 콜럼버스를 고결하고 고상한 사고의 소유자이며 역사상 위대한 업적을 남긴 위인으로 신비화한다. 이는 콜럼버스를 이성과 진보 그리고 개척 정신으로 충만한, 서구 문명의 상징으로 보는 미국의 전반적인 시각을 대변하기도 한다. 프랑스 작가인 폴 클로델은 『콜럼버스 일지(1927)』라는 희곡 작품에서 콜럼버스를 하느님의 계시를 받은 프랑스의 영웅 잔다르크에 비유한다. 콜럼버스는 시인의 본질이라 할 수 있는 창조적 정신을 가지고 고독하게 신비와 공포로 뒤덮여 있는 미지의 땅으로 들어간다. 그의 항해 덕분에 스페인은 역사상 최초로 해가 지지 않는 제국을 건설했고 하느님의 복음을 전하게 되었다. 여기서 작가가 콜럼버스의 항해를 세계 창조 여행에 비유하는 것은 의미심장하다. 즉 유럽인들이 무(無)의 대륙 아메리카에서 유(有)를 창조해 냈다는 것이다.

쿠바 작가 알레호 카르펜티에르의 『하프와 그림자(1979)』는 서구와 다른 라틴아메리카의 콜럼버스관을 제시한다. '콜럼버스의 시복(諡福)'이라는 부제가 붙은 이 작품에서 작가는 콜럼버스를 성인의 반열에 올리려 하는 교황 피우스 9세의 노력을 보여 준다. 그러나 이어지는 콜럼버스 자신의 고백 그리고 시복을 둘러싼 증인들의 증언들이 전개되면서 콜럼버스는 신비화된 인물이며 아메리카 역시 유럽에 의해 '발명'된 상상의 땅임이 드러난다. 이는 1992년에 있었던 아메리카 발견 500주년 행사에 대해 반대 시위를 했던 라틴아메리카인들의 전반적인 시각이기도 하다.

우리는 이미 약 5만 년 전에 베링해를 거쳐 아시아의 유목민들이 아메리카 땅으로 이주했음을 알고 있다. 그리고 아메리카 땅에 콜럼버스가 도착하기 훨씬 이전부터 많은 문명이 꽃피웠음을 알고 있다. 마르코 폴로가 13세기에 아시아를 발견했다고 말하지 못하는 것처럼, 15세기 초에 명나라의 장수 정화(鄭和)가 아프리카를 발견한 것이 아닌 것처럼, 아메리카는 콜럼버스에게 발견된 것이 아니다. 단지 자기 준거 틀을 마련해 줄 수 있는 언어학자와 역사학자를 가지지 못했을 뿐이다.

콜럼버스라는 인물의 탈신비화에도 불구하고 그의 역사적 의미마저 감소되는 것은 아니다. 카를로스 푸엔테스는 『태중(胎中)의 콜럼버스(Cristóbal Nonato, 1987)』라는 작품에서 아메리카의 새로운 발견을 주창한다. 그는 "우리 모두가 상상력의 진실에 자신의 운명을 걸고 끝내 승리했던 콜럼버스이며, 우리가 상상하는 바를 그대로 믿는 돈키호테"이기 때문에 예술이 세계를 구원할 것이라고 말한다. 또한 푸엔테스는 신세계를 사랑과 상상력으로 다시 건설하자고 말한다. 즉 그가 주장하는 것은 크리스토퍼 콜럼버스의 존재를 부정하는 것이 아니라 우리 모두가 새로운 콜럼버스가 되어 신세계를 다시 발견하고 창조하자는 것이다. 그것은 아메리카에 사는 사람으로부터 소외된 아메리카를 '우리의 아메리카(Nuestra América)'로 만들자는 미래지향적 화해와 창조의 손짓이라 할 수 있다.

[참고문헌]

Carpentier, Alejo(1987), El arpa y la sombra, Madrid: Siglo XXI Editores.

Enseñat de Villalonga, Alfonso(2000), "El nuevo Colón", Historia 16, Núm.288, Madrid.

Fuentes, Carlos(1987), Cristóbal Nonato, México: Fondo de Cultura Económica.

Gass, Joanne(1992), "Imagining Christopher Columbus", http://hss.fullerton.edu/ english/JGass/imagining_ christopher_ columbus.htm.

O'Gorman, Edmundo(1986), La invención de América, México: Fondo de Cultura Económica.

Posse, Abel(1987), Los perros del paraíso, Barcelona: Plaza & Janes.

Ramos, Demetrio(1989), Colón pudo no volver, Madrid, Ediciones de Cultura Hispánica.

Todorov, Tzvetan(1987), La Conquista de América, Madrid: Siglo XXI Editores.

Vitale, Luis(1992), "Cinco mitos del Quinto Centenario", Ediciones C.E.L.A., http://mazinger.sisib.uchile.cl/repositorio/lb/ filosofia_y_humanidades/vitale/obras/sys/epo/c.pdf

카를로스 푸엔테스, 『라틴 아메리카의 역사』, 까치, 2015.

에두아르도 갈레아노, 『수탈된 대지』, 범우사, 1988.

안드레아스 벤츠케, 『콜럼버스』, 한길사, 1998.

송기도, 『콜럼버스에서 룰라까지』, 개마고원, 2003.

이성형, 『콜럼버스가 서쪽으로 간 까닭은?』, 까치, 2003.

러시아에 대한 넓고 얕은 지식:
한반도의 평화와 번영에 관한 여섯 가지 질문과 대답

_제성훈(한국외국어대학교 노어과 교수)

러시아는 어떤 나라인가?

러시아가 어떤 나라인지 설명하기 위해서는 전신(前身)인 소련(USSR: Union of Soviet Socialist Republics)이 어떤 나라였는지부터 이야기해야 한다.

1917년 2월 혁명으로 러시아 제국(Russian Empire)의 마지막 황제인 니콜라이 2세(Nikolai II, 1868~1918)가 퇴위하고 임시정부가 수립되었다. 하지만 레닌(Vladimir I. Lenin, 1870-1924)이 이끄는 볼셰비키가 10월 혁명을 일으켜 임시정부를 전복하고 세계 최초의 사회주의국가를 탄생시켰다. 이후 볼셰비키가 조직한 적군(Red Army)과 이에 대항하는 백군 간 내전(1918~1921)이 일어났고, 적군의 승리로 끝나자 1922년 12월, 러시아와 과거 러시아 제국의 일부였던 우크라이나, 벨라루스, 트란스코카서스(Trans-caucasus)를 구성 공화국으로 하는 연방 국가 소련이 결성되었다. 소련은 공산당 주도하에 사회주의 계획경제를 수행하면서 단기간에 전통적 농업국가에서 산업 강국으로 발전했을 뿐만 아니라, 1945년 제2차 세계대전에서 승리를 거두고 1949년 세계에서 두 번째로 핵무기 개발에 성공하면서 양극체제에서 미국과 대결 구도를 형성하는 초강대국으로 부상했다. 소련은 연방 국가로서 내부에 여러 개의 구성 공화국을 가지고 있었는데, 러시아는 가장 넓은 영토와 가장 많은 인구를 가진 핵심적인 구성 공화국이었다. 따라서 1991년 12월에 소련이 공식적으로 해체되자, 러시아를 비롯한 모든 구성 공화국이 독립적인 주권국가의 지위를 획득했다.

러시아와 구소련 국가들 ©Wikipedia
1 아르메니아, 2 아제르바이잔, 3 벨라루스, 4 에스토니아, 5 그루지야, 6 카자흐스탄, 7 키르기스, 8 라트비아, 9 리투아니아, 10 몰도바, 11 러시아, 12 타지키스탄, 13 투르크메니스탄, 14 우크라이나, 15 우즈베키스탄

이제 본격적으로 러시아가 어떤 나라인지 살펴보자. 첫째, 앞서 언급한 바와 같이 러시아는 소련 해체로 독립한 나라 중 하나이다. 과거 소련의 구성 공화국이었으나 소련 해체로 독립한 나라는 러시아를 포함하여 총 15개국에 달한다. 이른바 '슬라브(Slavic) 3국'으로 불리는 러시아·우크라이나·벨라루스, '중앙아시아 5국'으로 불리는 카자흐스탄·우즈베키스탄·투르크메니스탄·타지키스탄·키르기스, '코카서스 3국'으로 불리는 조지아·아제르바이잔·아르메니아, '발트(Baltic) 3국'으로 불리는 라트비아·리투아니아·에스토니아 그리고 몰도바이다.

러시아의 영토와 국경선 ©Wikipedia

둘째, 소련을 계승한 나라이다. 러시아는 영토와 인구의 대부분은 물론, 대외 채무 등 국제적 의무와 국제연합(UN) 안보리 상임이사국(permanent member) 지위, 전략 핵무기 보유 등 국제적 권리를 승계하면서 명실상부한 소련의 계승자가 되었다.

셋째, 세계에서 가장 넓은 영토를 가진 나라이다. 러시아는 한반도의 약 78배, 미국의 약 1.8배에 해당하는 세계에서 가장 넓은 영토(1,637만 7,742㎢)를 가지고 있으며, 14개 국가와 육지 국경을 접하면서 총연장 2만

2,407km에 달하는, 세계에서 가장 긴 국경선도 가지고 있다. 또한 영토가 동서로 길게 뻗어 있기 때문에 총 11개의 시간대(UTC+2~UTC+12)에 걸쳐 있다.

넷째, 러시아인이 다수지만 다민족으로 구성된 나라이다. 2016년 기준 러시아의 인구는 1억 4434만 명(세계 9위)이며, 러시아인(80%), 타타르인(4%), 우크라이나인(2%)을 비롯하여 140여 개 민족으로 구성되어 있다. 조선 말기와 일제 침략기에 이주한 우리 동포인 한인(고려인)도 약 16만 명 거주하고 있다.

다섯째, 복잡한 연방 체제를 가진 나라이다. 러시아는 다양한 명칭을 가진 85개 연방 주체, 즉 연방 구성단위로 이뤄진 연방 체제를 가지고 있다. 여기에는 공화국(republic) 22개, 자치주(autonomous oblast) 1개, 자치구(autonomous okrug) 4개, 변강(krai) 9개, 주(oblast) 46개, 연방시(federal city) 3개가 포함된다. 러시아는 이처럼 많은 수의 연방 주체를 효율적으로 관리하기 위해 전국에 8개 연방관구를 설정하고, 각 연방관구에 대통령 전권대표를 파견하고 있다. 이에 따라 각 연방 주체는 중앙 연방관구, 남부 연방관구, 북서 연방관구, 극동 연방관구, 시베리아 연방관구, 우랄 연방관구, 볼가 연방관구, 북코카서스 연방관구 중 하나에 속해 있다.

러시아는 '종이호랑이'인가?

'종이호랑이'란 겉보기에는 힘이 셀 것 같으나 사실은 아주 약한 것을 이르는 말이다. 따라서 '러시아는 종이호랑이인가?'라는 질문은 러시아도 겉보기에는 국력이 셀 것 같으나 사실은 아주 약한 나라가 아닌가 하는 의

문에 기초하고 있다. '냉전기 초강대국에서 지금은 몰락한 2등 국가', '영토는 넓지만 인구가 적어 미개척지가 많은 나라', '에너지자원 외에는 내세울 것이 없는 나라' 등 일반인이 쉽게 떠올리는 러시아의 이미지를 생각하면 얼추 맞는 말처럼 보이기도 한다.

그렇다면 실제 러시아의 국력은 어느 정도일까? 첫째, 정치적 측면에서 러시아는 국제 평화·안보를 책임지는 UN 안보리 5개 상임이사국 중 하나일 뿐만 아니라, 제2차 세계대전 이후 만들어진 거의 모든 국제 레짐(international regime)의 리더이다.

둘째, 군사적 측면에서 러시아는 전략 핵무기 및 첨단 무기를 선도적으로 개발하고 다량으로 보유하고 있는 동시에, 영토에서 멀리 떨어진 지역까지 군사력을 투사할 능력을 가진 세계 2위의 군사 강국(2018년 GFP 평가)이다.

셋째, 경제적 측면에서 러시아는 세계 12위(ppp 기준 6위)의 GDP, 세계 9위의 인구를 가진 경제 대국이자 세계 2위의 천연가스 및 석탄 매장량, 세계 6위의 석유 매장량, 세계 3위의 우라늄 매장량, 풍부한 삼림 자원 및 수자원 등을 가진 자원 부국이다. 또한 가즈프롬(Gazprom)과 로스네프트(Rosneft) 등과 같은 세계 최대의 에너지 기업을 보유하고 있으며, 유라시아 대륙을 관통하는 철도망, 송유관, 가스관도 운용하고 있다. 문해율(literacy rate)이 99.7%, 성인(25~64세) 중에서 고등교육 이수자가 56%에 달할 정도로 높은 교육 수준의 노동력을 확보하고 있으며, 기초과학과 핵·군사기술 강국이자 우주개발 선도국이기도 하다. 이처럼 다양한 측면에서 국력을 평가해 보았을 때 러시아는 결코 '종이호랑이'가 아니라는 것을 알 수 있다.

그렇다면 한반도를 둘러싸고 미국, 중국, 일본 등 강대국들의 힘겨루기가 한창인 동북아에서는 어떠한가? 러시아는 남북한 모두에게 일정한 신뢰를 확보하면서 북핵 문제해결을 위한 6자 회담에 참여하고 있을 뿐만 아니라, 동북아 국가들에게 석유, 가스 등 에너지 자원을 안정적으로 공급하면서 북극해의 해빙(解氷)으로 인해 새로운 무역로로 부상하는 북극 항로(NSR: Northen Sea Route) 개발도 주도하고 있다. 따라서 러시아는 우리 입장에서도 '종이호랑이'가 아니라, 오히려 한반도의 평화와 번영에 지대한 영향을 미치는 강대국 중 하나이다.

러시아는 '북한 편'인가?

한국 언론에서 러시아의 이미지는 대체로 부정적이다. 이는 특히 남북관계나 북핵 문제와 관련하여 매번 러시아가 북한의 입장을 지지하는 것처럼 보이기 때문이다. 그렇다면 러시아는 실제로도 '북한 편'일까?

먼저 러시아에게 '북한'은 어떤 존재일까? 지리적으로 북한은 러시아를 동북아에 연결해 주는 위치에 있다. 과거 소련 시기 북한은 같은 사회주의 국가이자 동맹국이었지만, 현재 공식적으로는 인접한 우호국에 불과하다. 하지만 러시아는 북한에 대해 특별한 감정을 가지고 있는데 그것은 1980년대 말~1990년대 초 사회주의 진영의 붕괴에도 불구하고, 과거 자신이 이식한 스탈린식 체제를 변용한 독특한 체제를 유지하고 있는 사회주의 국가이기 때문이다.

러시아의 입장에서 북한의 존재는 부정적인 의미가 크다. 북한은 한국과 육로를 통한 경제협력을 방해하는 장애물이자 핵무기를 개발하고 이를 확산시킬 가능성이 있는 나라이기 때문이다. 물론 긍정적인 의미도 가지고 있다. 북한은 동북아에서 유라시아 대륙 내부로 미국의 영향력 확대를 저지하는 보루가 되고 있기 때문이다. 따라서 북한은 러시아에게 다중적인 의미를 갖고 있는 존재이다.

하지만 북한의 핵무기 보유는 러시아에게 중대한 위협이 된다. 북한의 핵무기 보유는 글로벌 차원에서는 러시아가 유지하기를 원하는 핵무기 비확산 국제 레짐의 근간을 침식하고 있으며, 동북아 차원에서는 러시아가 우려하는 미국의 미사일방어(MD) 체제 구축의 명분을 제공하고 있다. 로컬 차원에서는 군사적 수단에 의한 북핵 문제해결로 인해 인접한 러시아 극동에서 난민 문제, 환경문제 등이 발생할 수 있다. 또한 북한의 핵무기 보유는 러시아가 야심차게 추진하는 극동 개발과 한·러 경제협력 확대에 장애를 조성하고 있을 뿐만 아니라, 한반도에서 전쟁이 발발할 경우에는 개입·회피 결정을 강요하게 될 것이다. 따라서 러시아는 북한의 핵무기 보유를 견결히 반대하면서도, 외교적·평화적 수단에 의한 한반도 비핵화와 핵무기 포기에 대한 적절한 보상(안전보장, 경제적 지원) 제공이라는 원칙을 고수하고 있다.

그렇다면 러시아에게 이상적인 한반도 상황은 어떤 것일까? 첫째, 전략적 안정이 확보되는 것이다. 안보적 리스크가 감소되면 극동 개발 및 투자가 보다 활성화될 수 있다. 둘째, 극동과 남북한 간 교통·물류 네트워크가 연계되는 것이다. 시베리아 횡단철도(TSR)와 한반도 종단철도(TKR) 연결, 남·북·러 가스관 건설 및 전력망 연계 등이 실현되면 유라시아 대륙을 관통하는 교통·물류 네트워크에 대한 러시아의 주도권이 보다 강화될 수 있다. 셋째, 남북한 모두에서 자신의 정치적 입지가 강화되는 것이다. 한반도에서 정치적 입지가 강화되면 동북아 안보·경제협력 논의에서 러시아가 실질적으로 영향력을 행사할 수 있는 여지도 커질 것이다. 따라서 러시아는 북한의 입장을 지지하는 것이 아니라 그저 국가이익을 실현하려 하는 것이며, '북한 편'이 아니고 오직 '자신의 편'이다.

러시아는 한반도 통일을 지지하는가?

흔히 한반도를 둘러싸고 있는 여러 강대국 중 러시아가 한반도 통일을 가장 지지하는 나라로 알려져 있다. 정말 그럴까?

통일에는 다양한 방식이 있을 수 있다. 어느 한쪽이 주도하는 흡수통일도 있고, 양쪽이 함께 주도하는 대등한 방식의 통일도 있다. 또한 전쟁에 의한 무력적 방식의 통일도 있고, 합의에 의한 평화적 방식의 통일도 있다. 참고로 독일 통일은 흡수통일이자 평화적 방식의 통일이었다.

러시아가 가장 우려하는 한반도 통일의 시나리오는 무력적 방식의 통일이다. 무력적 방식의 통일은 자신의 국경까지 미국 군사력 전진 배치, 내전으로 인한 전략적 불안정 심화, 한반도에서 특정한 강대국의 독점적 영향력 확보 등으로 이어질 공산이 크기 때문이다.

반면 러시아가 가장 원하는 한반도 통일의 시나리오는 양쪽이 함께 주도하는 대등한 방식의 통일, 평화적 방식의 통일이다. 이러한 방식의 통일은 필연적으로 주한 미군 철수 또는 역할 축소, 내전 가능성 제거, 특정한 강대국의 독점적 영향력 확보 차단 등 러시아의 국가이익에 부합하는 결과를 낳을 것이기 때문이다. 따라서 러시아는 한반도 통일을 지지하지만, 아무런 조건도 없는 것은 아니다.

러시아는 통일 한반도가 자신과 우호관계를 발전시키고 경제협력을 확대하는 나라가 되기를 바란다. 더 나아가, 한반도 비핵화에 이은 한반도 중립화를 통해 동북아에서 북·중 동맹, 한미 동맹, 미·일 동맹 등 기존의 모든 동맹 관계가 해체되고 자신이 주도적으로 참여하는 새로운 다자 안보 아키텍처(architecture)가 건설되기를 희망하고 있다.

러시아는 미국에 적대적인가?

'신냉전(New Cold War)'은 최근 러시아와 미국의 갈등 관계를 규정하는 개념으로 널리 사용되고 있다. '신냉전'은 과거 냉전기처럼 이념적 대립의 수준에서 전개되고 있지는 않지만, 지구적 차원에서 서로 다른 지정학적 구상의 대립이 전개되고, 화해할 수 없는 근본적인 갈등의 지점이 존재하지만, 직접적인 군사적 충돌은 부재하다는 점에서 과거의 냉전과 유사한 측면이 있다.

미국의 보수파들은 1945년 얄타 회담에서 소련에 너무 많은 양보를 하면서 냉전이 시작되었다고 보는, 이른바 '얄타 트라우마'를 가지고 있다. 이들의 시각에서 러시아에 대한 양보는 탈냉전기 미국이 주도해 온 세계질서의 균열을 의미한다. 반면 러시아의 전략가들은 1989년 몰타 회담 이후 진행된 탈냉전의 결과가 러시아에 공정하지 못했다고 보는 '몰타 트라우마'를 가지고 있다. 이들에게 더 이상의 양보는 미국이 '강요하는' 세계질서에 대한 순응을 의미한다.

러시아의 전략가들이 '몰타 트라우마'를 갖게 된 원인, 다시 말해 탈냉전의 결과가 러시아에 공정하지 못했다는 근거는 다음과 같다. 첫째, 북대서양조약기구(NATO)가 러시아 국경까지 확대되었다. NATO는 냉전기 소련의 군사적 위협에 맞서기 위해 미국 주도로 조직된 군사동맹이었으나, 탈냉전기에 해체되지 않고 오히려 과거 사회주의 진영에 속하던 동유럽 국가들은 물론, 소련의 구성 공화국이었던 발트 3국까지 회원국으로 받아들이면서 군사력을 전진 배치했다.

둘째, 미국과 러시아 간 전략적 균형을 무너뜨리는 MD 체제가 유럽에 구축되고 있다. 미국은 2002년 탄도미사일요격제한조약(ABM 조약)에서 일방적으로 탈퇴한 후 러시아 국경에서 멀지 않은 폴란드와 루마니아에 이미 미사일 요격을 위한 기지를 건설했다.

셋째, 러시아가 자신의 영향권으로 인식하고 있는 구소련 국가(post-soviet state)들에서 이른바 '색깔 혁명(Color Revolution)'이 일어나 친러 성향 정부가 친서방 성향 정부로 교체되었다. 2003년에는 조지아에서 '장미 혁명'이 일어나 사카슈빌리 정부가 출범했고, 2004년에는 우크라이나에서 '오렌지 혁명'이 일어나 유센코 정부가 출범했다. '색깔 혁명'을 계기로 두 나라는 러시아의 영향권에서 벗어나기 위해 NATO 가입을 적극적으로 추진하기 시작했다.

러시아와 미국의 갈등이 심화되는 배경에서 2008년 8월 러시아-조지아 전쟁에 이어 2013년 11월 이른바 '우크라이나 위기'가 발발했다. 친러 성향의 야누코비치 정부가 전복되고 친서방 성향의 과도정부가 출범하자, 친러 성향의 크림반도가 주민투표를 거쳐 2014년 3월 러시아에 합병되었고, 우크라이나 동부 지역이 같은 해 5월 독립을 선언하면서 내전이 본격화되었다. 친서방 성향의 우크라이나 정부를 지지하는 미국과 EU는 대러 경제제재를 단행했고, 러시아도 대서방 경제제재로 이에 맞섰다. 2017년에는 미국, 2018년에는 러시아가 각기 상대국에 대한 경제제재를 법제화했고, 2018년 10월 미국이 중거리핵전력조약(INF) 탈퇴를 선언하면서 냉전기부터 러·미 간 전략적 균형을 보장하는 국제안보 레짐도 연쇄적으로 붕괴할 위기에 처했다.

하지만 러시아는 미국과의 관계 개선을 원하고 있다. 이는 무엇보다도 과도한 군비경쟁이 1980년대에 그랬듯이 러시아 경제에 치명적인 타격을 입힐 것이 분명하기 때문이다. 하지만 앞서 언급한 바와 같이 미국의 보수파들은 '얄타 트라우마'로 인해 여전히 러시아에 적대적이다. 더욱이 러시아의 2016년 미국 대선 개입설, 우크라이나의 대러 적대감, 크림반도 합병을 인정할 국제적 명분 부족 등으로 인해 양국관계 개선은 당분간 요원해 보인다.

우리에게 러시아는 필요한가?

지금까지 우리는 한반도의 평화와 번영에 관한 몇 가지 질문과 대답을 통해 러시아에 대한 넓고 얕은 지식을 쌓을 수 있었다. 이제 마지막으로 우리가 던져야 할 질문, 어쩌면 가장 근본적인 질문은 '우리에게 러시아는 필요한가?'가 아닐까 한다.

우리에게 러시아가 필요한 이유는 첫째, 러시아와의 협력이 한반도의 지정학적 정체성을 변화시키는 데 도움을 줄 수 있기 때문이다. 역사적으로 한반도는 대륙 세력과 해양 세력 간 '갈등의 완충지대'였다. 19세기 말~20세기 초 한반도에서 패권을 차지하기 위해 벌어진 강대국들의 각축전 그리고 20세기 중반 미·소 대결 구도의 산물이었던 분단과 내전은 한반도가 처해 있는 지정학적 운명을 단적으로 보여 준다. 탈냉전기에도 우리가 살고 있는 한반도에는 한·미·일, 북·중·러 두 개의 트라이앵글로 인해 여전히 냉전의 잔영이 남아 있다. 두 개의 트라이앵글을 교차하는 한국과 러시아의 협력은 한반도의 지정학적 정체성을 '갈등의 완충지대'에서 '협력의 가교'로 변화시킬 것이며, 이를 통해 오랫동안 분절되었던 만주, 연해주, 한반도가 다시 하나의 지정학적 공간으로 통합되는 계기도 마련할 수 있을 것이다.

둘째, 러시아는 한반도 비핵화와 통일의 협력자가 될 수 있다. 러시아는 그동안 한반도 위기 상황에서 항상 긴장 고조를 방지하는 역할을 하면서 남북한 모두에게 일정한 신뢰를 확보해 왔다. 또한 러시아는 북핵 문제해결을 위해 북한을 통과하는 철도 연결, 가스관 건설, 전력망 연계 등 남·북·러 3자 경제협력 프로젝트와 과거 소련 시기 자신의 지원으로 건설된 인프라 현대화를 통해 북한에 대한 적절한 경제적 보상과 경제발전을 지원할 수 있는 능력을 가지고 있다. 더 나아가 향후 한반도 평화 프로세스를 보장하기 위한 동북아 세력균형 형성과 다자 안보 아키텍처 구축에도 기여할 수 있다.

셋째, 러시아는 지속 가능한 경제성장의 동반자가 될 수 있다. 러시아는 구소련 국가들을 연결하는 교통·물류·통상 네트워크를 주도하고 있으며, 극동 개발 차원에서 이를 동북아로 확대하고자 한다. 러시아의 철도망과 한반도의 철도망이 연결되고, 러시아의 가스 수송망에 연결된 남·북·러 가스관이 건설되며, 러시아의 항만을 이용하여 한국의 선박들이 북극 항로를 자유롭게 이용할 수 있고, 러시아 주도의 경제통합체인 유라시아경제연합(EAEU)과 한국이 자유무역협정을 체결하면 한국은 유라시아 대륙 내부에서 새로운 성장 동력을 확보할 기회를 얻게 된다. 또한 향후 북핵 문제해결과 한반도 평화 프로세스 차원에서 북한 경제개발이 본격적으로 이뤄질 때 이것이 러시아의 극동 개발과 연계되면 한반도와 러시아 극동을 포괄하는 신성장 공간의 형성도 가능해진다.

세계로 떠나는 인문학

초판 인쇄	2019년 2월 21일
초판 발행	2019년 2월 28일
지은이	권영우, 김원명, 라영균, 이은경, 이재원, 김혜진, 조문환, 박경은, 반병률, 신정환, 제성훈
발행인	김인철
총괄·기획	가정준 Director, University Knowledge Press
편집장	신선호 Executive Knowledge Contents Creator
기획·물류	이현진 Planning Expert
사전·도서편집	정준희 Contents Creator
전자책·도서편집	장혜린 Contents Creator
도서편집	이병철 Contents Creator 이근영 Contents Creator
재무관리	하누리 Managing Creator
발행처	한국외국어대학교 지식출판콘텐츠원 02450 서울특별시 동대문구 이문로 107 전화 02)2173-2493~7 팩스 02)2173-3363 홈페이지 http://press.hufs.ac.kr 전자우편 press@hufs.ac.kr 출판등록 제6-6호(1969. 4. 30)
디자인·편집	(주)피플커뮤니케이션 02)733-9008
인쇄·제본	(주)피플커뮤니케이션 02)733-9008

ISBN 979-11-5901-664-6 03100 정가 16,000원

*잘못된 책은 교환하여 드립니다.

불법복사는 지적재산을 훔치는 범죄행위입니다.
저작권법 제136조(권리의 침해죄)에 따라 위반자는 5년 이하의 징역 또는
5천만 원 이하의 벌금에 처하거나 이를 병과할 수 있습니다.

HU;NE 한국외국어대학교 지식출판콘텐츠원의 어학도서, 사회과학도서, 지역학 도서 Sub Brand이다. 한국외대의 영문명인 HUFS, 현명한 국제전문가 양성(International +Intelligent)의 의미를 담고 있으며, 휴인(携引)의 뜻인 '이끌다, 끌고 나가다'라는 의미처럼 출판계를 이끄는 리더로서, 혁신의 이미지를 담고 있다.